Livre papier :
Amazon,
le seul vrai libraire en France

Table page 200

Du même auteur*

Certaines œuvres sont connues sous différents titres.

Romans

La Faute à Souchon : (Le roman du show-biz et de la sagesse)
Quand les familles sans toit sont entrées dans les maisons fermées
Liberté j'ignorais tant de Toi (Libertés d'avant l'an 2000)
Viré, viré, viré, même viré du Rmi !
Ils ne sont pas intervenus (Peut-être un roman autobiographique)

Théâtre

Neuf femmes et la star
Les secrets de maître Pierre, notaire de campagne
Ça magouille aux assurances
Chanteur, écrivain : même cirque
Deux sœurs et un contrôle fiscal
Amour, sud et chansons
Pourquoi est-il venu :
Aventures d'écrivains régionaux
Avant les élections présidentielles
Scènes de campagne, scènes du Quercy
Blaise Pascal serait webmaster
Trois femmes et un Amour
J'avais 25 ans
« Révélations » sur « les apparitions d'Astaffort » Jacques Brel / Francis Cabrel

Théâtre pour troupes d'enfants

La fille aux 200 doudous
Les filles en profitent
Révélations sur la disparition du père Noël
Le lion l'autruche et le renard,
Mertilou prépare l'été
Nous n'irons plus au restaurant

* extrait du catalogue, voir page 199

Stéphane Ternoise

Livre papier : Amazon, le seul vrai libraire en France

20 septembre 2013

Jean-Luc PETIT Editeur / livrepapier.com

Stéphane Ternoise versant essayiste :

http://www.essayiste.net

Tout simplement et logiquement !

ISBN 978-2-36541-415-9
EAN 9782365414159

Tous droits de traduction, de reproduction, d'utilisation, d'interprétation et d'adaptation réservés pour tous pays, pour toutes planètes, pour tous univers.

Site officiel : http://www.ecrivain.pro

© Jean-Luc PETIT - BP 17 - 46800 Montcuq – France

Stéphane Ternoise

Livre papier : Amazon, le seul vrai libraire en France

Une vraie librairie, c'est un endroit où tous les livres sont disponibles, et pas seulement ceux de l'oligarchie.

Point final, quand tombe le 18 septembre 2013 une dépêche de l'AFP : la guerre contre Amazon entre dans une nouvelle phase législative.

« *Une proposition de loi UMP visant à soutenir les librairies face aux opérateurs en ligne comme Amazon sera débattue le 3 octobre à l'Assemblée (...) Ce texte vise à empêcher que les acteurs de vente sur internet comme Amazon livrent des livres sans faire payer de frais de transport aux acheteurs. Actuellement, Amazon non seulement applique le rabais de 5%, autorisé par la loi Lang de 1981 sur le prix unique du livre, mais envoie l'ouvrage à domicile sans frais. Ces frais de transport gratuits sont jugés comme de la concurrence déloyale par les librairies "physiques".* »

Distorsion de concurrence ! Comme si les milliards offerts aux éditeurs, libraires (quelques miettes aux écrivains inféodés au système pour obtenir leur soutien) ne constituaient pas la vraie distorsion de concurrence. Argent de l'état, des régions, des départements ! Tout pour "la chaîne du livre", cette chaîne qui emprisonne écrivains, lectrices et lecteurs.

Vive Amazon ! Soutenons Amazon... Amazon : le seul VRAI LIBRAIRE dans ce pays. Oui, le seul où nos livres en papier sont disponibles.

Les 25 000 points de vente (ou "librairies physiques") ne sont que des espaces contrôlés par des distributeurs machines à exclure les vrais indépendants. Contrôler les points de vente c'est contrôler les ventes. Amazon a donné un coup de pied dans cette fourmilière, les députés n'hésiteront pas à montrer que la France reste un pays aux mains des oligarchies (après avoir offert les droits numériques des livres du vingtième siècle aux éditeurs...).

Amazon est une chance pour les écrivains, Amazon est une chance pour les lectrices et lecteurs.

En s'attaquant à Amazon (et aux écrivains), c'est bien les privilèges des grandes fortunes de France (Lagardère, Gallimard, Esménard, Glénat...) que souhaitent maintenir les parlementaires et l'Aurélie Fillippiti qui ose se prétendre écrivain avec ses deux mauvais romans publiés chez Lagardère...

Le « *lieu de vente unique* », comme l'aurait voulu l'éditeur de notre ministre de la Culture industrielle, n'est qu'un lieu de vente inique, un moyen de contrôler l'édition. Le champ du possible s'est ouvert avec Amazon pour les écrivains. La France a besoin de concurrences, concurrencez Amazon en ouvrant également l'édition dans vos librairies ou disparaissez.

L'auto-édition, c'est la possibilité de la liberté pour l'écrivain, contre laquelle les industriels naturellement se battent. Ils tiennent à maintenir les auteurs dans leurs entreprises. Ils en vivent, de ce commerce. L'éditeur ne fait pas la littérature mais du commerce...

Stéphane Ternoise,
http://www.livrepapier.com

Indépendant par convictions depuis 1991, donc (malheureusement ; perte de temps) en lutte contre les politiques au service des oligarchies.

Lotois depuis 1996 par choix, donc (malheureusement ; perte de temps) en lutte contre les élus PS-PRG, les clans, le clientélisme (notion défendue, redéfinie, par M. Martin Malvy)

Stéphane Ternoise

Livre papier : Amazon, le seul vrai libraire en France

Document

Députés, avant de voter, lisez !

Demandez mes livres chez "un libraire" !

Les femmes étaient ainsi, quand tu racontais ta vie, elles se précipitaient chez leur libraire pour demander un livre de "Stéphane Ternoise". T'avais l'air fin quand elles te confiaient leur échec, même avec un libraire gentil consultant la base de données *électre*.
Du nord au sud, mêmes distributeurs, même discrimination. Pour figurer dans les 25 000 points de vente, il me faudrait avancer de l'argent, assurer un "minimum" de bénéfices aux intermédiaires...

Heureusement, le livre numérique me permet une réelle visibilité... et Amazon offre à mes livres en papier une existence de France à Navarre (voir http://www.livrepapier.com)

Un vrai libraire, c'est un libraire où mes livres peuvent être achetés... Où nos livres, nous les indépendants, ont la même disponibilité que ceux des Lagardère, Editis, Gallimard...

Impression des livres à la demande et distribution

Mes livres, certes absents des 25 000 points de vente, mais disponibles sous 48 heures sur commande. Impossible ? L'impression à la demande, couplée à un circuit de distribution, c'est opérationnel... mais fermé aux indépendants ! Plutôt que de gaspiller des millions d'euros, l'état aurait pu exiger que tout opérateur fournissant les librairies françaises avec ce service doive y incorporer l'ensemble des éditeurs. Un système ouvert. Naturellement, il se rémunérerait avec une commission sur les ventes. Mais ce n'est pas une question de commissions, il s'agit de contrôler le marché : un livre absent des librairies ne concurrence pas ceux des industriels, des installés.

Le 15 septembre 2009, *Hachette Livre* et *Lightning Source* officialisaient la création d'une co-entreprise d'impression à la demande: *Lightning Source France*, implantée dans le périmètre du Centre de Distribution du Livre de *Hachette* à Maurepas, dans les Yvelines.

Lightning Source, basé à La Vergne, dans le Tennessee aux Etats-Unis, est le leader mondial de l'impression à la demande.

Le 21 mars 2011, La *BnF* et *Hachette Livre* signaient un accord permettant l'impression à la demande d'ouvrages présents sur *Gallica* (la bibliothèque numérique de la *BnF*). Ainsi Hachette a obtenu le droit d'utiliser 15 000 ouvrages libres de droits.
Le communiqué précisait « *les exemplaires ainsi fabriqués seront livrés aux libraires dans les mêmes délais qu'un exemplaire prélevé sur stock* » mais aussi « *l'objectif est de vendre ces livres à des prix très*

raisonnables, soit entre 12€ et 15 € pour un volume de taille moyenne. » 30% environ chez le libraire, 5,5 % de TVA, et le reste chez *Hachette*, où naturellement des frais existent (l'impression doit représenter au maximum 15%).

Le communiqué de septembre 2009 précisait que plus de 13 000 titres du groupe étaient prêts pour ce concept. Des auteurs Hachette, dont le livre est objectivement épuisé depuis des années (sans droits d'auteur versé) ont-ils depuis essayé de récupérer leurs droits ? Arnaud Nourry commentait alors : « *Cette co-entreprise avec Lightning Source en France est stratégique dans la mesure où elle permettra à Hachette Livre de proposer à tous ses partenaires, quelle que soit leur taille, une technologie de pointe répondant à une de leurs préoccupations les plus constantes. Aucun livre intégrant ce programme ne sera plus jamais épuisé. L'expédition du livre suit de si près la réception de la commande que les délais de livraison sont les mêmes que si l'ouvrage était sorti du stock.* »

Arnaud Nourry le proclame : « **Aucun livre intégrant ce programme ne sera plus jamais épuisé.** » Un moyen de réunir ses collègues éditeurs SNE autour du phare Hachette ! Néanmoins, si l'auteur a reçu un certificat de mise au pilon, l'alinéa 1 de l'article L132-17 n'a pas encore était abrogé « *le contrat d'édition prend fin, indépendamment des cas prévus par le droit commun ou par les articles précédents, lorsque l'éditeur procède à la destruction totale des exemplaires.* » La remise en disponibilité par l'impression numérique ne figure pas (encore ?) dans le CPI.

Hervé Gaymard, dans son rapport aux parlementaires du 18 janvier 2012, aborde le sujet... a repéré les risques pour

l'auteur qui souhaite récupérer ses droits d'édition papier :
« *Enfin, à l'initiative du rapporteur, la Commission a souhaité soulever la question de l'impression à la demande, en demandant aux organismes représentatifs des auteurs* [Ternoise : aucun organisme représentatif des auteurs en France !]*, des éditeurs, des libraires et des imprimeurs d'engager une concertation sur les questions économiques et juridiques relatives à l'impression des livres à la demande.*

L'impression à la demande est une technologie numérique qui permet l'impression, à qualité comparable, d'un exemplaire unique d'un livre numérisé, dans les heures qui suivent la réception de la commande du client. Offrant une qualité comparable à celle d'un livre « classique », ce livre coûte en moyenne 25 à 30 % de plus.

L'impression à la demande intéresse à la fois les écrivains qui n'ont pas trouvé d'éditeurs, et plus généralement tous les lecteurs qui disposent d'un livre sous forme numérique mais souhaitent en obtenir une copie imprimée. Elle répond pour ces derniers à un souci de confort ou à des habitudes de lecture. Elle permet aux éditeurs de continuer à exploiter des livres épuisés sous forme imprimée et pourrait constituer une nouvelle opportunité de développement pour les librairies, qui pourraient proposer ce nouveau service.

Cette pratique est appelée à se développer, comme en témoigne l'accord conclu en mars dernier par la BnF et Hachette Livre, qui va permettre l'impression à la demande d'ouvrages présents sur Gallica. (…)

Or, l'impression à la demande soulève de nombreuses questions, en particulier celles relatives à la nature des droits en jeu. Certains prétendent que l'impression à la demande constitue un simple accessoire du droit de reproduction sous forme imprimée. Pour autant, une telle analyse devrait en toute rigueur conduire à considérer qu'une œuvre faisant l'objet d'une impression à la demande ne peut être considérée comme une œuvre épuisée, ce qui semble difficile à concevoir. En outre, l'impression à la demande d'œuvres orphelines non libres de droit, sans versement d'aucune rémunération ni de la part de l'imprimeur ni de celle du lecteur paraît problématique. Enfin, l'intégrité de l'œuvre et, partant, le droit moral de l'auteur peuvent être mis à mal par d'éventuelles modifications apportées à l'œuvre originale. »

Il sent bien l'injustice de cette astuce destinée à conserver des droits alors que durant des années, des décennies, l'éditeur a négligé l'œuvre. Face à lui, Arnaud Nourry pragmatique « ***aucun livre intégrant ce programme ne sera plus jamais épuisé.*** »

Je dispose naturellement du "PDF imprimeur" de l'ensemble de mes livres. Il suffirait d'un code d'accès pour profiter de ce "service." Fournir un code à l'ensemble des éditeurs (et non aux seuls membres du SNE) ne coûterait rien à Hachette. Mais sauf sous la contrainte d'une loi d'équité du marché de l'édition, il semble improbable qu'un jour les éditeurs vraiment indépendants puissent s'y connecter. C'est un enjeu crucial, que celui du contrôle des 25 000 points de vente. Si les distributeurs étaient indépendants, ils tenteraient d'offrir aux lectrices et lecteurs le catalogue le plus vaste possible... Distributeur, éditeur, propriétaire d'une solution technique en avance sur la concurrence, Hachette représente un véritable problème déontologique. Et le groupe semble bénéficier de l'argent public !

Moi, Président de la République, un élu ne pourrait diriger un groupe de presse. Moi, Président de la République, un éditeur ne pourrait plus fausser la concurrence en librairie avec une casquette de distributeur. Il ne s'est pas exprimé ainsi, le normal 2012 ?

L'unique espoir dans le livre papier, pour les indépendants, s'appelle Amazon qui s'est décidé à lancer CreateSpace en France : "*vous pouvez désormais distribuer des livres imprimés directement sur les sites Amazon européens : Amazon.co.uk, Amazon.de, Amazon.fr, Amazon.es et Amazon.it.*" (sa newsletter mai 2012) Mais avec un site en anglais et l'obligation de demander un identifiant fiscal aux Etats-Unis...

Un an plus tard, j'en suis arrivé à la conclusion de la nécessité de réaliser la première étape : remplir ce dossier en anglais. Ma première demande fut considérée incomplète, refusée... Je possède désormais un identifiant EIN des services fiscaux US et bascule l'ensemble de mes livres numériques en « disponibles en papier sur Amazon. »

25 000 points de vente ou Amazon ? Je préfèrerais les deux. Mais pour l'instant seul Amazon nous ouvre ses portes, à nous, les indépendants.

Il faut bien semer, même après une mauvaise moisson

Chaque soir, je relis du Sénèque. Une traduction en français des textes en latin qui nous sont parvenus. Donc malgré les soucis financiers, je vais bien ! De petites satisfactions tombent parfois. Début juillet, à Loches sur Ource, Aube, en Champagne, *les colporteurs* ont joué « *neuf femmes et la star.* » Représentations gratuites, donc droits d'auteur forfaitaires, symboliques. Etre joué légalement, après demande d'autorisation, est rare. Le plus souvent, seule la découverte d'un article me permet d'obtenir un peu d'argent. Exemple le plus fréquent : « *la fille aux 200 doudous* », pièce pour enfants, régulièrement utilisée dans les écoles, et désormais traduite en anglais et allemand.
De « vieux » ebooks se vendent parfois. Au point qu'il me faille leur créer un « message type. » Un livre visible est un livre qui se vend. Le problème est bien d'obtenir de la visibilité... Comme dans le livre papier... Quatre achetés, deux offerts, offre ebooks.ws. Si la France entière connaissait ce « bon plan », paypal m'informerait régulièrement de l'arrivée d'une dizaine à quinzaine d'euros, et mes soucis s'envoleraient. Je vis de peu. J'ai toujours vécu de peu. Même quand les sites Internet m'ont permis de dépasser le « seuil de pauvreté. »
« *Vivre autrement* » recèle quelques bijoux, qui pourraient passer en radio.
Romans, essais, théâtre, photos, chanson… j'en fais trop ? Je devrais me "spécialiser" ? Le conseil m'arrive parfois. Pourtant la question du choix me semble incongrue. Comment me forcer à écrire du théâtre devant quelques gouttes de pluie sur une tulipe ? Comment transformer en roman quelques phrases dont la musicalité s'impose en

moi ? Pourquoi vouloir faire des chansons si des personnages tissent leurs liens romanesques dans ma tête ? Il suffit d'une clé à ces bonnes portes, pour tenir. Ça devrait être simple et pourtant c'est terriblement compliqué ! Mon obstination finira par être remarquée ? Oui, il faut être remarqué pour être lu ! Pour l'instant, elle lasse... mes concurrents. Il suffit de gratter "un peu" pour découvrir des "apprentis auteurs" derrière des blogueurs, facebookers, twitteurs, mécontents de mes « autopromos. »

« *Il faut bien semer, même après une mauvaise moisson* » écrit Sénèque dans sa quatre-vingt-unième lettre à Lucilius.

La force de l'indépendance : sa spécificité permet d'entrevoir une petite lumière ; à l'échec du jour peut succéder « de bons résultats. » Là où les industriels condamnent définitivement un livre ou un CD, l'indépendant a toute sa vie pour promouvoir ses créations. Vous n'en avez pas voulu cette année, je le remets dans ma guitare et vous le replacerai dans quelques mois ou années. C'est une des raisons de l'empressement des éditeurs traditionnels (ces gens-là ne sont pas stupides, c'est simplement qu'ils ont d'autres intérêts que ceux des écrivains) à obtenir les droits numériques des œuvres d'avant l'an 2000, ces bouquins sans rentabilité en papier, donc délaissés mais qui pourraient générer un peu de monnaie... et surtout un goût de l'indépendance chez les écrivains. Si Jack-Alain Léger comprenait cette chance historique du numérique, il cesserait sûrement de maudire les éditeurs tout en quémandant des contrats d'édition (mais lira-t-il « *alertez Jack-Alain Léger !* » ?)

Me lancer dans un hymne à l'auto-édition alors que le sixième roman reste invisible, donc n'intéresse personne !

Certains iraient s'asseoir dans un bar, essayant de s'y faire offrir des verres qu'ils ne peuvent plus se payer (ou « *il nous reste l'ardoise, Jef* »), et je prends des notes, me force à une mise au propre sur ordinateur, dans un fichier intitulé « auto-édition j écris ton nom.doc » Un ordinateur portable (cinquante euros sur priceminister !) me permet de travailler dehors, en regardant tomber la pluie, au « bureau d'été », une dépendance naguère inaccessible, remplie des pierres effondrées du mur élevé contre la terre au dix-huitième ou dix-neuvième siècle.

Kader Terns avait raison dès son premier message : « Tu sais écrire mais tu ne sais pas te vendre. » Il cherchait le nègre de ses mémoires, après le méga à-valoir versé par Amazon. Enfin, c'est ce que je croyais…

« *Souvent ce qu'avait fait perdre l'opiniâtre stérilité d'un terroir ingrat, une seule année d'abondance l'a rendu* » continuait Sénèque dans la traduction par Paul Veyre, professeur au collège de France… Un style plus sobre conviendrait sûrement… mais j'ignore le latin et plonger dans plusieurs traductions pour y puiser la quintessence à chaque phase me semble impossible dans cette vie. Bref, cette phrase bancale pourrait s'adapter au créateur en 2013. L'opiniâtre stérilité d'un terroir ingrat représentant naturellement le marché du livre… Quel livre me permettra d'obtenir une visibilité indispensable et suffisante ?

Mes livres en payent le prix, de cette indépendance...

Une vue a court terme m'aurait convaincu de me soumettre à l'édition traditionnelle... si la liberté était un mot vide... A moins qu'ils pratiquent d'autres raisonnements, vous pouvez oser une conclusion au sujet de mes collègues enracinés dans les grandes maisons...

Rien. Ou si peu. Et ce n'est nullement lié aux romans mais à leur "lancement." « *Tout dépend de la maison d'édition dans laquelle vous êtes édité, et du travail fait en amont par les attachés de presse auprès des journalistes et des jurés littéraires.* » *(*Alain Beuve-Méry)
Un jour, il y aura un déclic ! Un jour cette indépendance sera mise en valeur... quand je serai parvenu à être suffisamment voyant qu'ils ne pourront plus faire semblant de ne pas me voir. Car nos grands journalistes, même sans attachée de presse, je parviens à leur faire entrer "Stéphane Ternoise" dans la tête. Le journaliste se doit de posséder une excellente mémoire des noms ! Alors, ils "se souviendront" ! Mais cette visibilité, pour l'instant, doit passer dans leur dos. Je représente, fondamentalement, un autre système que celui qui les fait vivre.
Que serait la presse française sans le soutien de l'argent public ? L'accord obtenu par le Président Hollande avec Google scelle bien cette connivence. Jusqu'à la caricature de la *Dépêche du Midi*, propriété du patron du PRG, Jean-Michel Baylet, allié national, naturellement régional (Martin Malvy) et départemental (partout où cette *Dépêche* est présente, le PRG existe vraiment... étonnant, non ?)
Je continue néanmoins un "travail de fond" (sauf

naturellement avec des organes comme celui de Midi-Pyrénées).

Avec de nombreux comptes twitter (ce que me reprochent parfois des bons ânes, oups, pardon, des bonnes âmes, militants d'une twittétiquette où il conviendrait de respecter la hiérarchie sociale... même si ces gens-là ne comprennent pas la portée de leur position, prétendent agir pour le bien du réseau sans comprendre qu'il confortent ainsi la domination des puissants...) il m'arrive d'obtenir des réponses à des interpellations.

Ainsi via @editeurpro, le 17 juin, à 12 heures 01, au petit fils du fondateur du monde :

@BeuveMeryAlain La France reste un pays où les journalistes s'intéressent aux romans des éditeurs amis http://www.romancier.org/roman2013.html
Réponse à 15 heures 42 :
@editeurpro c'est vrai. Mais quand le film est bien. On fait quoi

Donc : mes amis sont tellement merveilleux, normal que je parle d'eux !

Le message de relance du 19 juin à 15 heures 11 est pour l'instant resté sans réponse...

@BeuveMeryAlain Mais à trop vous intéresser aux amis, vous n'avez plus le temps de regarder ailleurs! Comme expliqué http://www.romancier.info/romancier6.html

@BeuveMeryAlain se présente *"Journaliste au Monde, chargé de l'économie de la culture. Président de la société des rédacteurs du Monde (SRM) pour un an. (depuis juin)"*

Le 26 Juin il fut également interpellé par Thomas Wieder @ThomasWieder : « *Félicitations à l'ami @BeuveMeryAlain, réélu président de la Société des rédacteurs du Monde.* »
La réponse fut très rapide, 23 minutes plus tard, à 12 heures 37 : « *@ThomasWieder merci Thomas, je viens effectivement d'etre réélu président de la société des redacteurs du Monde. Maintenant ne pas décevoir.* »
Thomas Wieder se présente : « *Journaliste au service politique du Monde. Je couvre l'Elysée, Matignon et le gouvernement avec David Revault d'Allonnes, ainsi que les études d'opinion.* »
Avec Josyane Savigneau, des messages furent échangés mais toujours pas une ligne dans *le Monde* au sujet de mes écrits.
Ce n'est pas un problème de qualité. Sans même ironiser sur l'inclassable talent de l'icône Angot Christine, des lecteurs attentifs pourraient répertorier un paquet de chroniqués dont les écrits n'écrasent nullement les miens. Mais ces modestes auteurs ont accepté la règle du jeu, la nécessité de concourir (et goncourir) dans de grandes écuries...
Je suis un écrivain invisible... même si certains « collègues » s'énervent parfois de ma trop grande visibilité via de nombreux sites et de multiples pseudos qui ne cherchent pas forcément à masquer le nom de l'auteur réel.
Le Monde, Libération, Le Nouvel Obs, Marianne, Le Point, l'Express et les autres me sont à ce jour fermés. Pourtant, j'ai l'impression que le nom Stéphane Ternoise est bien entré dans la tête de nombreux journalistes de ces mastodontes médiatiques. Il suffira d'un déclic et ces plumes acérées rattraperont leurs années de silences par un

excès. Cet événement, je ne suis pas certain de pouvoir le savourer. Je tiens trop à cette liberté pour titiller le destin. Si naturellement je multiplie les provocations, je ne suis pas prêt à me compromettre.

De belles âmes accusent ces provocations dont la quête du buzz leur semble évidente (mais peuvent-ils comprendre qu'il s'agit également d'autre chose ?). Ces concitoyens préfèrent ne pas s'interroger sur les compromissions nécessaires à la médiatisation actuelle...

Un univers contrôlé de l'édition...

Contrôler les moyens de diffusion (les diffuseurs distributeurs) et de promotions (les médias) permet de mettre sur le marché uniquement des produits conformes à ses objectifs. Naturellement, les éditeurs ont leurs « opposants au système » : Jean-Marie Messier pouvait ironiser en rappelant à José Bové qu'il travaillait pour lui ! Bové auteur Vivendi... Vous voyez bien qu'un autre monde est impossible dans l'édition puisse que même le chantre de l'anticapitalisme se lie au mastodonte. Conglomérat depuis, en grande partie, dans les limites des lois anti-trust, passé chez Lagardère, qui sait rester discret. Comme les qataries, son premier actionnaire, à 12%.

Cinq distributeurs, en fait quatre...

Pour alimenter 25 000 points de vente, rien que la logistique et les frais de transport nécessitent une mise de départ dont ne dispose naturellement pas l'auteur-éditeur. Se limiter aux grandes enseignes, qui fonctionnent avec une centrale d'achats, permettrait une percée significative mais ces structures répondent à l'auteur-éditeur de passer par un distributeur référencé... Cercle vicieux où seuls les installés peuvent commercer...

Une note d'analyse officielle gouvernementale, de mars 2012, résumait : « *"Alors que dans les autres pays comparables l'éditeur et le distributeur sont deux acteurs bien distincts, les principales maisons d'édition françaises ont développé leur propre circuit de distribution, à l'exemple de la Sodis appartenant à Gallimard ou de Volumen dans le cas du groupe La Martinière. En contrôlant le processus de distribution, les éditeurs*

français se sont donnés les moyens de dégager des marges plus importantes qu'avec leur seule activité éditoriale. L'intégration de la distribution reste aujourd'hui encore l'une des principales sources de la bonne santé économique des éditeurs français (...)
Avec la transmission directe d'un texte depuis une plateforme de téléchargement vers une tablette ou une liseuse, l'impression et la distribution du livre ne sont plus nécessaires. Or c'est cette dernière étape de la chaîne du livre qui est aujourd'hui la source majeure de rémunération pour l'éditeur. »
On peut simplement s'étonner des exemples : exit les deux premiers distributeurs, ceux des groupes Hachette et Editis, les leaders de l'édition. Mais naturellement, dans une note officielle, la mise en valeur de Gallimard et La Martinière doit sembler préférable. Cinq distributeurs se partagent plus de 90% du marché : Hachette Distribution, Interforum (Editis), Sodis (Gallimard), Volumen (Seuil-La Martinière), Union Distribution (Flammarion). En rachetant Flammarion, Gallimard est devenu un poids lourd de l'édition française, le troisième groupe. Il a aussi acquis un distributeur et le rapprochement Sodis - UD semblerait logique.
Le pouvoir de négociation des fournisseurs extérieurs, les petits éditeurs, est quasi nul face à ces mastodontes.
Jean-Claude Utard, dans le résumé de son cours sur l'édition française à l'Université Paris Ouest Nanterre La Défense, note :
"*Un éditeur petit ou moyen est donc contraint de déléguer ce travail* [distribution et diffusion] *et se retrouve dans une situation où il n'est pas complètement libre de choisir : c'est le distributeur et le diffuseur qui, en fonction des rythmes de parution, des chiffres et du*

volume des ventes de cet éditeur et de sa complémentarité avec les autres éditeurs de son catalogue, en définitive acceptent de le prendre en compte. Une caution est en général exigée alors par le distributeur et la rémunération du distributeur et du diffuseur consistera en un pourcentage sur les ventes (10 % en moyenne pour la distribution), souvent assorti de la condition d'un chiffre d'affaire minimum (et donc d'une rémunération minimum pour le distributeur et le diffuseur)."

Une caution et un chiffre d'affaire minimum : ainsi la porte est fermée à l'auteur-éditeur, discrètement, sans nécessité de préciser « réservé aux éditeurs adhérents du SNE. » **Il suffit d'imposer des contraintes économiques pour exclure, inutile de censurer.**

Avant le numérique, c'était simple : un livre sans distribution est un livre invisible, invisible également pour les médias. Donc il suffit de tenir la distribution pour tenir les écrivains. L'auto-édition ne pouvait vivre que localement, au point que « le roman du terroir » semblait parfois le seul qui puisse barboter dans ces eaux polluées.

Les portes de la distribution sont, en partie, défoncées par le numérique. Mais les médias restent de marbre. Et grâce aux aides de l'Etat, le livre en papier continue à très bien de porter.

La révolution numérique : le vrai combat

« *Dans la vie, ce qui compte c'est pas l'issue mais c'est le combat* »
Mano Solo, dans la chanson "*Le Monde Entier*" de l'album "*La Marmaille Nue.*" (1993)

Il ajoutait « *qu'il faut rendre ce que tu reçois, les mauvais coups comme les plus bas.* » Je ne crois pas ! On se perd à entrer en lutte contre ces mortels. Je m'en fous des Malvy, Miquel, Filippetti, Gallimard, Nourry et compagnie. Nous sommes mortels et les combats inutiles nous font perdre du temps.
Contradiction ? Le combat, c'est l'œuvre. Écrire à Martin Malvy participe de la compréhension du monde, du tableau d'une médiocre classe politique. Sans implication émotionnelle. Naturellement, ça peut mal finir. Pour moi mais surtout pour le pays (2017 pourrait amplifier 2002, surtout dans le sud-ouest où l'urgence d'une sortie du système *Baylet et associés* aspire des électeurs républicains vers les extrêmes).

Le combat numérique est également politique. La France a volontairement raté le virage de l'Internet. Elle a d'abord voulu protéger son minitel France-Telecom puis d'autres situations acquises, dont les éditeurs, qui osent désormais mettre en avant des « petits libraires » pour justifier leur rôle. Un éditeur ne fait pas de la littérature mais du commerce.

Comme la photo est numérique, le livre le sera. Mais dans quelles conditions pour les écrivains, les lectrices et les lecteurs ? L'oligarchie, au pouvoir dans l'édition en papier, parviendra-t-elle à reconduire dans "le monde dématérialisé", l'ensemble de ses positions ? Il est là, le combat.

Pour la vie : « *le but, c'est le chemin* » prétendait Goethe, moins musical. C'est ma route. Déroute, peut-être. Mais c'est ainsi : « *il faut aller voir.* » (référence à Jacques Brel)

Les gentils millionnaires français contre le méchant Amazon

« *Tout le monde en a assez d'Amazon* »
Aurélie Filippetti, lundi 3 juin 2013, aux *rencontres nationales de la librairie* à Bordeaux. Le tout enrobé dans un intolérable procès d'intention de la ministre de la Culture « *Aujourd'hui, tout le monde en a assez d'Amazon qui, par des pratiques de dumping, casse les prix pour ensuite pénétrer sur les marchés pour ensuite faire remonter les prix une fois qu'ils sont en situation de quasi monopole.* »
Car le secteur de la librairie indépendante derait travailler 13.000 personnes en France (selon le Syndicat des librairies de France). Sur le dos des écrivains qui doivent vivre d'autres ressources !

Aurélie Filippetti en Jeanne d'Arc de la Littérature pour bouter hors de France l'infâme Amazon venu dans nos contrées semer d'intolérables espérances dans le crâne des écrivains...
L'emmerdant, c'est Amazon ! Bien tranquillement, auréolés d'un immense pouvoir de reconnaissance de la vraie littérature (de Loana à Malvy), les éditeurs optimisaient les bénéfices, réduisaient les droits d'auteur, les marges des libraires, préféraient travailler avec les centrales d'achats des grandes chaînes de magasins où le bouquin se vend comme le petit pain (industriel), permettaient aux principaux actionnaires de briller dans le Tout-Paris…
L'emmerdant, c'est Amazon ! Les millionnaires en sont même au point de sympathiser avec les libraires indépendants ! Sauvez-les, car finalement, ils nous vendent du papier ! Ou ramenez Amazon à la raison : qu'il

vende nos livres mais uniquement nos livres, ceux des éditeurs membres du SNE... Interdisez l'auto-édition ! Aidez-nous à préserver nos marges et à maintenir les écrivains dans notre doux giron, nous sommes la Littérature !

Imprégnés par l'idéologie de la soumission et de la résignation, nous servons les Gallimard, Lagardère et autres millionnaires...
Braves écrivains respectent l'ordre social établi, travaillent pour enrichir les plus riches... Les miettes demeurent plus grosses que les revenus du travailleur indépendant auteur-éditeur.
La révolution numérique est un acte individuel pouvant engendrer un mouvement collectif : finalement, ils ne voient que leurs intérêts, les auteurs des grandes écuries et si demain "le pays" leur octroie des conditions où l'auto-édition permet des revenus plus importants, ils délaisseront "le noble chemin."

Réussir à en vivre, c'est également montrer l'exemple d'une révolution possible. Et les éditeurs l'ont compris : ils verrouillent encore plus le système, et la « gestion collective obligatoire » (des droits d'auteur) viendra...

Alapage : un échec voulu par la France ?

En septembre 1999, quand *France Télécom* rachetait *Alapage*, personne ne semble avoir émis la crainte qu'il s'agissait d'un enterrement de première classe destiné à freiner la vente de livres sur Internet. Opération en douceur : Patrice Magnard, PDG créateur, restait en place. *Amazon* n'est arrivé dans l'hexagone qu'en l'an 2000. Dès lors, la reprise en 2009 par *Rue du Commerce*, son principal concurrent dans le généralisme sans âme qu'était devenu le site, se classe à la rubrique "gestion entre gentlemen de la concurrence".

Cette librairie en ligne représentait pourtant l'adresse idéale pour concurrencer *Fnac* et *Amazon*. Filiale de *France Télécom*, donc pourvue de moyens considérables, l'échec peut s'expliquer par la méconnaissance du milieu (diversification surprenante...) ou par le souhait de l'actionnaire principal, l'État.

L'état a-t-il souhaité l'échec d'Alapage pour "protéger" le système économique de l'édition à la française ? S'agissait-il de torpiller un projet qui pouvait « faire des dégâts ? »

Iconoclaste et inacceptable question ? Quand, début 2013, *France-Télécom* souhaite revendre *Dailymotion* à *Yahoo*, Arnaud Montebourg « ministre du Redressement productif » parvient à faire capoter l'affaire. Ministre du Redressement productif, un titre appelé à rester dans l'Histoire sous l'appellation ministre du soutien aux situations acquises, du regard tourné vers le passé.

Donc si Montebourg est intervenu avec ses gros sabots en 2013, un discret sbire de Jospin Lionel n'aurait pu intimer l'ordre d'engouffrer quelques centimes pour "le redressement productif de l'édition traditionnelle" ? Quand on aligne les millions actuellement offerts aux éditeurs et libraires classiques, un tel "complot" est possible. Arrêtez votre théorie du complot ! D'ailleurs, l'échec d'*Alapage* ne semble déranger personne ! Alors que la fermeture d'une usine vouée à disparaître mobilise... Alapage reste une excellente adresse pour une librairie 100% numérique. Hé monsieur *Rue du Commerce*, je suis votre conseiller stratégique ! Non, vous ne pouvez pas ?...

Le lieu de vente unique et autres considérations

Le « *lieu de vente unique* », comme l'a souhaité l'éditeur d'Aurélie Filippetti, n'est qu'un lieu de vente inique, un moyen de contrôler l'édition.

Quelques jours avant sa mort, Jean-Marc Roberts fut pourtant profondément touché, blessé. Le 8 mars 2013, soit 17 jours avant son dernier souffle, *Libération* publiait ce qui semble avoir été sa dernière "grande interview."
Depuis longtemps déjà, il présentait au public son cancer. Je l'ignorais donc, ne suivant que ses déclarations sur l'édition...
Qui parmi ses proches lui a conseillé de lutter contre la maladie plutôt que de lancer une "mise en perspective" des relations d'une journaliste avec le DSK d'après le Sofitel ?
« *De son canapé rouge, Jean-Marc Roberts dirige comme personne les éditions Stock, et plus attentivement encore la célèbre collection Bleue où vient de paraître* Belle et Bête, *de Marcela Iacub.* » explique Sylvain Bourmeau. Il aurait pu ajouter : en bon petit soldat de la grande cause nationale Lagardère.

« *- Vous dites dans ce nouveau livre que votre culture est beaucoup plus grande en variétés qu'en littérature du XXe siècle.*
- Pourquoi ne pas le dire ? Quand j'étais petit, ma grand-mère me répétait : « *Tu sais, notre problème, c'est qu'on marque mal.* » *Je n'ai jamais oublié cette phrase* « *on marque mal* ». *Qui pourrait dire cela aujourd'hui dans notre petit monde des livres ? On est très peu. Bien sûr, il y a les origines, la classe sociale, mais ce n'est pas tout. Il y a aussi : comment faire oublier qu'on n'est pas si bon*

que ça ? Je ne suis ni un éditeur important ni un romancier important. Il a fallu faire avec, faire faute de mieux, il a fallu apprendre à glisser, et la musique de variétés m'a beaucoup aidé à glisser. »
Les origines, la classe sociale, comment faire oublier qu'on n'est pas si bon que ça ? Aurélie F. a-t-elle lu ce "testament" ?
« *- Auteur très jeune, vous êtes donc devenu éditeur dans la foulée. Comment avez-vous articulé ces deux rôles ?*
- Je pense que l'éditeur a fini par l'emporter sur l'auteur. En même temps, le plus important pour moi, c'est l'auteur bien sûr. Mais peut-être est-ce comme dans mes livres, et celui-là n'échappe pas à la règle que je me suis donnée : j'essaye de ne pas m'appesantir sur ce qui est le plus important.
- L'éditeur a fini par emporter quoi ?
- La volonté. La volonté d'être le meilleur éditeur possible. Alors même que je ne connais rien. J'adore exagérer, c'est ce que je préfère, mais pourtant là, c'est la stricte vérité : je ne connais pas grand-chose. Mes vrais amis le savent. Et encore une fois, je ne me vante pas d'être inculte, mais un homme inculte qui, finalement, réussit, pendant quarante ans, à énerver tout le monde avec les livres qu'il publie - que les gens les aiment ou pas, qu'ils soient choqués ou pas -, et surtout qui se bat pour imposer des livres et des auteurs que les gens n'aiment pas, pour imposer une tendance, c'est extraordinaire. Ne pas disparaître, ce n'est pas mal dès lors comme mode de vie pour un éditeur... Rien à voir avec trop tôt ou trop tard, ce n'est pas une question de date. En fait, je dois avouer que j'aime bien énerver les autres, et ne pas disparaître. Parfois, ça les énerve. Et ça, ça m'amuse beaucoup. »

A l'aune de cet aveu : le lieu de vente unique n'était qu'une exagération de JMR, faire le buzz, énerver...

La collection *Bleue*, c'est donc la sienne, sans comité de lecture, où il édita Christine Angot, Nina Bouraoui... et deux livres d'Aurélie Filippetti (2003 et 2006... nous sommes en 2013 !)

« - Il y a Stock, et à l'intérieur, il y a la Bleue, votre collection...
- La Bleue a commencé chez Fayard. Pour faire de la littérature chez Fayard, il fallait inventer quelque chose. Et un jour, alors qu'un maquettiste se promenait avec un carton à dessins sous le bras, je l'ai pointé du doigt : « Voilà, cette couleur ! On va faire une couverture bleue comme ça !» On m'a dit que ce n'était pas une couleur pour la littérature, les gens savent tous ce qui convient et ce qui ne convient pas à la littérature, vous remarquerez ? Claude Durand n'était pas tellement pour non plus, mais il m'a fait confiance. Il n'y en a pas tant qui font confiance. (...)
Soit je laisse carte blanche sur tout, soit c'est moi qui décide entièrement, et c'est bien pour cela que je peux assumer seul mes erreurs. Bien sûr qu'il y en a eu, mais je préfère les gens qui font des conneries à ceux qui n'en font pas. Les erreurs, c'est la vie... »

Je ne vais quand même pas tout recopier... De la réponse suivante je retiens donc simplement « *En même temps, j'ai publié des choses pour lesquelles on m'a dit : " Tu étais bourré quand tu as pris ça ?" et j'ai continué à beaucoup les aimer, même si j'étais le seul.* » Car la prochaine réponse, je ne peux rien couper... juste apporter des commentaires entre crochets.

« - *Vous disiez que vous regrettiez l'évolution spectaculaire de l'édition. Certains vous objecteront que vous participez de cela, qu'avec la publication de* Belle et Bête, *vous vous vautrez dans une époque abjecte. C'est bien ce discours qu'on entend depuis quelques jours ?*
- En effet, j'ai tout entendu et j'ai tout lu. [Pauvre homme ! Au lieu de se "mettre au vert", lutter contre la maladie, il a laissé entrer en lui les déceptions, contrariétés, colères. Il écoutait, lisait, ce petit jeu des indignations, des petites phrases pour obtenir des retweets] *Dans* le Monde, *des éditeurs, libraires, attachés de presse, auteurs rédigent et signent des pétitions parce qu'une maison comme* Stock, *qui a édité Zweig* [Il aurait pu ajouter, en souriant, "et Aurélie la magnifique"], *s'abaisse à publier ce livre infâme... Et le misérable, c'est moi. Et puis il y a ces auteurs, certains parmi mes auteurs, qui s'indignent parce qu'ils partagent la même couverture bleue que Marcela Iacub...*
Alors, je me suis demandé, et ça, ça m'a légèrement troublé : combien de signataires de droite et combien de gauche pour ce truc ? Et force est de constater qu'ils sont tous à gauche. C'est tout de même pénible. Mais évidemment, ils appartiennent à cette gauche qui, elle, a choisi le bon côté du flingue, à cette gauche des nantis qui tient les médias et l'édition. [Si je pose la question : qui a écrit "*cette gauche des nantis qui tient les médias et l'édition*" sur Twitter, qui répondra, réagira... ce sera fait...] *À cette gauche qui prétend savoir ce que c'est que la littérature, puisque la littérature, c'est forcément elle ! Des gardiens du temple, d'un mausolée... Ils me prennent pour un infiltré, ils n'ont pas tort, et ça, ça les rend dingues. Si j'ai adoré travailler avec Marcela Iacub, c'est parce qu'elle est tout le contraire. C'est quelqu'un qui*

n'affirme pas, qui adore changer d'avis, elle est en mouvement, comme tous les gens intéressants [a-t-il également écouté en boucle Jacques Brel interviewé par Jacques Chancel ?]. *Je lui ai dit : « Je ne veux pas la théoricienne », et elle a accepté. Elle a accompli un travail considérable. Elle a réussi un livre merveilleux, un grand roman fantastique, kafkaïen. Si on avait voulu faire un livre scandaleux et indigne, ce n'était pas compliqué, mais ça ne l'intéressait pas d'en écrire un, ni moi de le publier.*
Certains de ces hommes et femmes parlent de complot, de machination, j'entends cela en permanence. C'est amusant comme cet argument, « la théorie du complot », revient dès qu'on ne comprend pas, dès que quelque chose, une œuvre d'art par exemple, nous dépasse. Tellement de bêtises... Et puis un homme de gauche ne cherche pas à faire interdire un livre, ce n'est pas vrai.
Mais ce n'est pas grave, c'est très bien même, et très drôle, tout ce bruit. Et tant pis, je mourrai quand même à gauche. Quand ? J'espère ne pas le savoir. Mais à gauche, parce que je marque mal.»

Dans *Libération* du 8 mars 2003 c'est de Jean-Marc Roberts, l'éditeur d'Aurélie Filippetti, le « *Cette gauche des nantis qui tient les médias et l'édition. Cette gauche qui prétend savoir ce que c'est que la littérature, puisque la littérature, c'est forcément elle ! Des gardiens du temple, d'un mausolée...* »

Je n'ai pas lu "François-Marie" de Jean-Marc Roberts, publié le 6 mai 2011 chez Gallimard (10 euros pour 96 pages).
Ce plaidoyer pour François-Marie Banier (durant le "*volet Banier*" de l'affaire Bettencourt), Jérôme Garcin l'a raconté dans "son" *Nouvel Obs*, du 28 avril 2011.

« À 57 ans, le PDG des Editions Stock, auteur d'une vingtaine de romans, dont « Affaires étrangères», prix Renaudot 1979, membre influent de la société littéraire, avoue pour la première fois son goût pour les voyous, sa propension à s'encanailler, sa phobie de la respectabilité. Il aura fallu cet éloge d'un paria dont il jalouse la démesure, le panache, l'imagination, peut-être même les forfaits, pour qu'il montre son vrai visage. Un visage parfois grimaçant. Ici, par exemple, il ironise volontiers sur les femmes qu'il a épousées, dont il a divorcé ; il n'est pas très fier de la manière dont, chaque automne, il magouille pour que ses auteurs obtiennent des prix ; il juge d'ailleurs que le milieu littéraire s'aigrit et se momifie ; il malmène, une fois encore, ses propres livres, des « petits romans de saison», selon Banier ; il écrit soudain qu'il a appris à se « sucer seul » (!); bref, il ne s'aime décidément pas. »

C'est ainsi que Jérôme Garcin a résumé l'éditeur d'Aurélie Filippetti, un patron d'une maison Lagardère, avec *« il n'est pas très fier de la manière dont, chaque automne, il magouille pour que ses auteurs obtiennent des prix; il juge d'ailleurs que le milieu littéraire s'aigrit et se momifie. »* Propos sans exigence de droit de réponse, et qui semblent plausibles. Pourtant Aurélie Filippetti peut blablater son grand cirque de la jeune femme devenue écrivain grâce à son éditeur...

Jean-Marc Roberts en est-il mort, de ce grand écart entre sa vérité profonde et la comédie dans laquelle il s'obligea à vivre ? Aurélie Filippetti n'a pas abordé le sujet dans ses grandes belles et émouvantes condoléances de ministre à son éditeur, elle n'a sûrement même pas compris l'aveu de potentiel conflit d'intérêts dans ses phrases officielles.

C'est pour ce milieu-là qu'elle travaille également, ce qui a fini par détruire son cher ami et néanmoins éditeur. Qu'a-t-elle compris de son tiraillement intérieur ? Que cherche-t-elle à comprendre ? À faire carrière ? Le 25 mars 2013, Aurélie Filippetti s'exprima logiquement dans un communiqué, ès ministre de la Culture et de la Communication, rendant hommage au patron d'une maison du groupe Hachette. Mais le mélange vie privée, vie professionnelle et fonction politique me semble mettre en lumière un conflit d'intérêts. *« C'est avec une très grande peine que j'ai appris le décès de Jean-Marc Roberts, mon éditeur, mon ami.*

Je voudrais dire mon éternelle gratitude pour celui qui m'a entourée de ses conseils avisés et de ses encouragements incessants, pour me donner la force et la confiance d'écrire, celui qui, depuis dix ans maintenant, était devenu mon ami.

Je voudrais rendre hommage à cet homme qui aimait si passionnément les livres qu'il consacrait autant d'énergie et de talent à les écrire et à les éditer et servait avec la même passion les livres des autres et les siens. S'il était un éditeur remarquable, fidèle, attentif, généreux, toujours si disponible, c'est parce qu'il était lui-même un très grand écrivain... »

J'aurais plutôt opté pour le contraire : s'il avait été un grand écrivain, il n'aurait pas perdu son temps à lancer des gens comme vous, madame ! Vous troisième roman, il l'a refusé, ou vous avez eu la lucidité de ne jamais le lui présenter, ou même de ne pas l'écrire, préférant "faire carrière" ? C'est difficile d'être écrivain. Trôner Rue de Valois constitue donc une petite revanche, ces grands éditeurs devant vous ?... Mais face aux écrivains, vous pouvez user de vos subventions, vous en usurpez le nom...

Oui « *cette gauche des nantis qui tient les médias et l'édition. À cette gauche qui prétend savoir ce que c'est que la littérature, puisque la littérature, c'est forcément elle ! Des gardiens du temple, d'un mausolée...* » Oui, de l'éditeur d'Aurélie Filippetti, Jean-Marc Roberts, quelques jours avant sa disparition. Grand écart ? Aurélie Filippetti personnifie bien cette gauche, non ?

On peut sourire quand elle explique l'édition : « *L'éditeur a un rôle éminent dans le processus de création. C'est une question passionnante. Et sans entrer dans un débat philosophique sur le processus de création, quand on écrit, chez soi, on a besoin d'avoir le regard d'un éditeur, pour venir sanctionner, dans le bon sens du terme. C'est-à-dire, donner le jugement d'un professionnel, sur le texte que l'on est en train de rédiger. Et sans cela, même si on se publie soi-même, et que l'on peut toucher un public au travers des réseaux, on n'a pas cette reconnaissance de se sentir écrivain. L'écrivain ne naît qu'au travers du regard de l'éditeur. Et moi je l'ai ressenti en tant qu'auteur : j'aurais pu écrire le même livre que celui que j'ai rédigé, si je n'avais pas eu Jean-Marc Roberts, le résultat n'aurait pas été le même.* » (28 juin 2012, à la grande messe du Syndicat des éditeurs, questionnée par Nicolas Gary). « *L'écrivain ne naît qu'au travers du regard de l'éditeur* », on croirait lire une dinde en campagne pour la présidence du SNE. Mais il s'agit de propos de notre ministre !

Quel fut le rôle de Jean-Marc Roberts dans le produit fini ? Dans le "processus de création" de son très mauvais premier roman ?

Jean-Marc Roberts était l'un des rares éditeurs dont je suivais les interviews. Le 18 août 2009, sur *France-Inter*,

il avait dégainé une théorie sur l'ebook : « *juste bon pour les SDF.* » Forcément ! Quand on réussit sa vie, on a une Rolex et une pièce suffisante pour stocker l'ensemble de ses livres, on peut même les acheter à plus de vingt euros... il ne faut surtout pas imaginer que la même œuvre puisse se vendre quatre fois moins chère avec le même revenu pour l'auteur !
Le 17 août 2011, cette fois presque chez lui, chez ses collègues d'*Europe 1* (du groupe Lagardère), au micro de Benjamin Petrover, ce fut d'abord une banale attaque contre « *ces petites machines que l'on voit partout que l'on appelle ordinateurs.* » Mais le meilleur allait suivre : « *Je vous avoue mon inquiétude. Je ne suis pas d'habitude très pessimiste, je suis plutôt "allez on y va, on positive, etc.", mais là, la première chose qu'il faut dire, c'est que certains libraires indépendants - les petits, les moyens, les grands aussi, sont en danger de mort. On peut publier autant de livres que l'on veut, si les gens ne retournent pas en librairie...* » Comme on le sait, chez Hachette, on a toujours soutenu les petites librairies qui vous vendent des livres ardus comme les édite le Groupe... Et pour une suite logique à la loi Lang sur le prix unique, il invitait à se « *battre pour un lieu unique.* » Une loi pour obtenir un monopole de la vente du livre : « *le lieu unique c'est la librairie, c'est pas la vente en ligne. La vente en ligne, moi je crois que c'est ça qui va peu à peu détourner le vrai lecteur de son libraire, et donc de la littérature.* » Qui passe encore chez un libraire, où le plus souvent il faudrait revenir car le livre désiré doit être commandé ? Mais ne sera pas envoyé au modeste acheteur !
Ce combat s'inscrirait dans l'Histoire : « *Il y a trente ans, Jérôme Lindon s'est battu pour le prix unique. Aujourd'hui je pense qu'il faut se battre pour le lieu*

unique. » Prix unique, lieu unique, éditeur unique ? Car enfin, toutes les maisons d'édition pourraient se regrouper sous l'enseigne Lagardère ? Est-ce que l'ancien directeur des *Éditions de Minuit*, se retourne dans sa tombe d'une telle récupération ?
La librairie, le lieu unique ? Le lieu inique où seuls sont disponibles les livres des inféodés aux grands distributeurs. Censure en douceur.
Il faudrait également interdire les ordinateurs, peut-être, car enfin : « *le temps de cerveau disponible est beaucoup moins important, et malheureusement que ce soit pour les radios, pour les éditeurs, pour les libraires, je pense qu'il y a tout un temps consacré à aller sur un blog, choper une info, un scoop, une rumeur qu'on n'a pas... les gens passent deux à trois heures quotidiennes de leur vie à faire ça et pendant ce temps-là ils ne lisent pas.* »
Ces propos possédaient une certaine cohérence avec ceux de décembre 1998, retrouvés sur de vieilles notes (eh oui, avant Internet, il était utile de prendre des notes... cet article n'est pas en ligne, il fut publié le 17, dans le numéro 737 de *l'Évènement du Jeudi*) : « *l'un des problèmes du système de l'édition, c'est la rotation des stocks. Un auteur travaille pendant des années un texte dont le sort va se jouer en deux semaines (...) Personne n'ose le dire, mais je vais vous le dire : il n'y a pas trop de livres, il y a trop d'éditeurs... ce sont en plus des maisons où les gens sont mal payés, les auteurs mal distribués... Le pire, c'est que les éditeurs qui ont pignon sur rue se sont mis, du coup, à trop publier dans le but d'occuper l'espace et les tables des libraires ! Plus il y a de petits éditeurs (ou de gros d'ailleurs) qui viennent au monde, plus les grandes maisons se sentent menacées, et plus elles publient !* »

Donc "chez Lagardère" les gens sont bien payés ? Et les auteurs bien distribués ! Bien payés ?
Un seul éditeur, un seul endroit où acheter des livres dont les marges sont naturellement imposées par le grand éditeur. Une seule radio (Europe 1 naturellement). Et un seul site internet accessible !
Comme ce serait beau un monde Lagardère. La nuit ?
Mais ces jérémiades doivent naturellement être relativisées avec les "aveux" (d'aucuns n'hésiteraient sûrement pas, en off, à les qualifier de « désabusés chez un homme condamné »). Jean-Marc Roberts a joué un rôle, il en a retiré une reconnaissance, une importance... mais il cherchait autre chose... ce que nous cherchons sûrement tous dans l'écriture, un sens à notre vie, une sincérité...

Humainement, on peut simplement déplorer que M. Roberts se soit lancé dans ce genre d'aventure forcément source de stress plutôt que de mettre toute son énergie à combattre la maladie. C'est ce message que j'aurais préféré entendre de celle qui l'a si bien connu, en « ami ». J'ai lu avec émotion dans cette interview de Libé « *Je ne suis ni un éditeur important ni un romancier important. Il a fallu faire avec, faire faute de mieux, il a fallu apprendre à glisser... (...) On écrit avant tout pour soi. Et puis il y a des mots comme "revanche".* » Cet homme n'était peut-être pas tant éloigné de moi que j'ai pu le croire... Finalement, autrement, il était également auteur éditeur. Mais pas indépendant. C'est le mot indépendant qui gêne dans ce pays. Nous apprenons à glisser, oui. Naturellement, pour tenir, "avaler quelques couleuvres" semble indispensable... Chacun en est là. Alors celui qui ose l'indépendance vous renvoie à vos petites incohérences. Combien de compromissions, madame Aurélie Filippetti ?

Oui, un éditeur labélise un auteur ! Aurélie Filippetti, Christine Angot, Marcela Iacub, même label. C'est le dernier "rempart" contre l'indépendance, cette labellisation par l'éditeur ! Et nous voyons en quoi elle consiste... Malvy label Privat. Tapie label Laffont. Et Cahuzac ? Les maisons d'édition doivent bien vivre avec de gros succès et ce n'est pas forcément la qualité qui prime dans ce genre de projets... Les maisons d'édition doivent supporter le coût des mauvais livres des femmes et des hommes politiques, sinon ces élus refuseront de leur concocter des lois et offrir des subventions. Aucune pétition d'indignation d'auteurs chez Plon suite à la publication le 27 juin 2013 d'un livre de Bernard Tapie.

Des parlementaires au service des installés...

Un fatalisme malsain s'est installé chez les écrivains. Ils n'espèrent plus qu'essayer de profiter un peu du système, placer des mauvais livres en échange de services rendus, faire du fric, un minimum, ou un maximum. La loi 2012-287 du 1er mars 2012 est passée sans qu'ils se réveillent... Une loi équitable, fruit d'un accord entre les différents intervenants du monde de l'édition, d'un consensus politique... Mais dans le dos des auteurs des 500 000 à 700 000 livres concernés !

Pourquoi des livres ne sont plus disponibles en papier alors qu'ils furent édités ? Car les éditeurs ont préféré les détruire, les envoyer au pilon, plutôt que de respecter le contrat les obligeant à les maintenir disponibles. Ou n'ont pas réimprimé après leur épuisement... parce qu'ils ne croyaient pas à la rentabilité d'un nouveau tirage. Mais pour qu'un auteur récupère ses droits de publier en papier, il doit faire constater ce manquement au contrat, en suivant la procédure décrite à l'article L.132-17 du Code de la Propriété Intellectuelle. Tout auteur, ou tout ayant droit, est libre de mettre fin à cette indisponibilité, soit en priant l'éditeur qu'il remplisse son contrat en rendant de nouveau le livre disponible, soit en récupérant les droits d'édition.

Le Code de la Propriété Intellectuelle, en encadrant le contrat d'édition, a prévu qu'un éditeur, malgré un contrat le liant à l'auteur, pourrait un jour ne plus en assurer sa diffusion. Mais l'auteur doit prouver qu'il n'est plus disponible... et face à un éditeur de mauvaise foi, l'évidence reste à démontrer juridiquement... et l'éditeur n'appréciera pas forcément une telle démarche... alors que l'auteur lui présentera son prochain roman... donc il préfère ne pas « se faire mal voir. »

Mais la loi concerne les droits numériques, qui appartenaient à l'auteur !

Numérisées avec le soutien de l'Etat, ces indispensables œuvres « indisponibles » du vingtième siècle seront utilisées par les éditeurs, et les auteurs pourront récupérer des miettes en adhérant à une SPRD, société de perception et de répartition des droits... Si un jour des miettes restent à redistribuer !
Naturellement, les auteurs concernés ont le droit de refuser... nous sommes en démocratie ! On ne confisque pas le travail intellectuel, chez nous ! Pour s'opposer il faut rapidement manifester son refus... Le contre la montre est déjà déclenché pour certains : le décret 2013-182 fut signé le 27 février 2013 par Jean-Marc Ayrault, Premier ministre, et Aurélie Filippetti, ministre de la culture.
Il existe "une première base" intitulée "Relire" http://relire.bnf.fr
Avec 60 000 titres sur un total estimé à 500 000. Sa constitution aurait déjà coûté 124999 euros, versés à *Electre*... Bonnes affaires pour certains... Peu importe l'argent public, l'essentiel semble bien d'offrir aux éditeurs ces droits. Ces 60 000 œuvres, dont l'éditeur abandonna l'exploitation en papier, témoignent de la qualité générale... Peu importe la qualité pourvu qu'on ait le fric ! Certains s'interrogent sur le pourquoi de ceux-là. Y aurait-il eu des souhaits discrètement émis par des éditeurs ? Y aurait-il eu d'autres manœuvres ?
En consultant cette base, de nombreuses personnalités apparaissent. Fabuleuse pêche ! Avec parmi les indisponibles 2013 : Frédéric Mitterrand ! Jean-Marc Ayrault, son petit livre de 71 pages, publié en 1995 chez *Siloë*, dans une collection "magistralement" intitulée "*De circonstance.*" Il s'agit bien du même, le premier Ministre.

Même si cette contribution ne figure même pas dans sa page wikipédia qui serait la bible du savoir !
Les liens de la Bnf fournissent : député-maire de Nantes (en 1990) né le 25 janvier 1950.
Il côtoie dans cette merveilleuse bibliothèque idéale d'éminents hommes passés à Matignon : Lionel Jospin (pourtant édité dans la même grande maison du groupe Lagardère qu'Aurélie F.), Alain Juppé, Édouard Balladur avec une abondante production. Quinze de ses ministres de 1986-1988 l'accompagnent dans cette peu glorieuse liste, ce qui n'est pas exceptionnel, le gouvernement précédent, socialiste, grimpe à dix-huit avec de grands écrivains tels Bernard Tapie, Bernard Kouchner ou Jean-Michel Baylet. Michel Rocard, Jacques Chirac, Pierre Mauroy, Raymond Barre (également prolixe préfacier), Pierre Messmer, Jacques Chaban-Delmas, Maurice Couve de Murville...
Il existe naturellement "des écrivains". Le 13 avril j'ai ainsi publié "*Alertez Jack-Alain Léger !*" Depuis la découverte de "*Ma vie (titre provisoire)*" où il y raconte ses déboires et son combat contre le milieu de l'édition, livre rose publié en 1997 chez "*Salvy*", petite maison bien nommée peu distribuée, Jack-Alain Léger est devenu "un personnage" de mes essais et romans. Après avoir connu Gallimard, Grasset, Laffont, Julliard, Mercure de France, Denoël, Stock, Christian Bourgois, Flammarion... il publie désormais dans une jeune et petite structure sans grande visibilité... Je notais « Alertez Jack-Alain Léger ! À 65 ans, je pense qu'il loupe la révolution numérique !

Attention, les éditeurs vont vous subtiliser vos droits numériques ! Oui, vous êtes dans la première liste "*Relire*", publiée le 21 mars 2013. Même les droits numériques de "Monsignore" ! Nul doute qu'ils réussiront

à en faire du fric... et vous pourrez essayer de récupérer quelques miettes chez leur SOFIA... Vous avez six mois pour ne pas vous laisser "confisquer" vos droits... Comme bien d'autres... Mais vous, je tenais à vous écrire, à vous l'écrire...»
Le 17 juillet, via twitter, maître Pierrat m'informait du suicide de l'écrivain en lutte...

L'état va donc consacrer « *cinquante millions d'euros* » (chiffre de Bruno Racine, président de la Bibliothèque nationale de France) pour numériser 500 000 titres. Soit cent euros au titre. Très cher. Surtout après avoir lu "*La politique du livre face au défi du numérique*", rapport d'information au Sénat de M. Yann Gaillard, en février 2010 : « *selon le ministère de la culture et de la communication, le coût moyen de numérisation d'un livre dans le marché de masse de la BnF est de l'ordre de 50 euros.* » Ce doublement du coût moyen en quelques mois mériterait au moins des éclaircissements...

Pourquoi des écrivains ont accepté un système où l'auteur doit rapidement réaliser des démarches pour refuser d'être utilisé par la "chaîne de l'édition française", un système similaire à celui que souhaita instaurer Google, dénoncé, combattu, vilipendé, même en France par les éditeurs, les auteurs, les politiques, finalement stoppé par la justice américaine malgré un accord entre le géant de l'Internet et des représentants d'écrivains ?

Cette loi s'apparente à une "suite logique" d'un accord du 1er février 2011, entre le ministère de la culture, le Syndicat national de l'édition (SNE), la Société des gens de lettres (SGDL), la Bibliothèque nationale de France (BnF) et le Commissariat général à l'investissement. Officiellement les écrivains étaient donc représentés, par la SGDL. Oui, des notables censés les défendre ont accepté cette approche inédite du droit d'auteur ! Une nouvelle société de gestion de flux financiers, c'est toujours une chance pour celles et ceux dont l'ambition passe par la présence dans des organismes officiels. Des auteurs ont-ils privilégié leurs intérêts d'alliés des éditeurs ?
Aucun représentant réel des œuvres concernées ne fut invité à la table des négociations. Il est bien plus simple de prétendre ces auteurs "non identifiés" !

Les marchands parviennent toujours à s'entendre avec une oligarchie d'auteurs quand il s'agit de profiter de l'œuvre d'écrivains silencieux, dispersés, rétifs à toute syndicalisation, "non identifiés."
Vous n'êtes pas organisés, vous serez mangés !

Lionel Tardy remarqua à l'Assemblée : "*ce texte, que l'on sent écrit par les éditeurs, pour les éditeurs.*"

Non spécifiés dans un contrat, les droits numériques appartenaient aux auteurs, qui pouvaient les utiliser... désormais facilement... et avec bénéfices. Depuis l'arrivée d'Amazon, il semble donc qu'il y ait urgence à ne pas permettre aux écrivains "du système" de goûter à l'auto-édition !
Certains avaient essayé d'inventer une incertitude sur la propriété de ces droits, une manière de retenir les écrivains dans le papier, malgré l'article L. 131-3, sans ambiguïté :

« *La transmission des droits de l'auteur est subordonnée à la condition que chacun des droits cédés fasse l'objet d'une mention distincte dans l'acte de cession et que le domaine d'exploitation des droits cédés soit délimité quant à son étendue et à sa destination, quant au lieu et quant à la durée.* »
Dans *le Monde* du 21 janvier 2011, Antoine Gallimard, précisait « *Les éditeurs intègrent au contrat d'édition une clause ou lui adjoignent un avenant portant sur les droits numériques. La grande majorité des auteurs confient ainsi les droits numériques de leur livre à leur éditeur. Plusieurs dizaines de milliers d'avenants ont été conclus, sans compter les contrats d'édition pour les nouveautés qui incluent depuis longtemps déjà des clauses sur les droits numériques.* »

Un vilain tour fait aux écrivains dans un consensus politique qui témoigne surtout du pouvoir exceptionnel exercé par le lobby des éditeurs dans un pays où l'exception culturelle semble surtout devoir profiter aux installés, où il n'est pas choquant qu'à peine 10% des revenus du travail d'un auteur lui revienne... Mais bon, ils l'ont bien mérité d'être roulés dans la farine ces écrivains alliés des éditeurs traditionnels ! Certains prennent la pose rebelle, s'agitent dans un petit syndicat qui voudrait... obtenir des entrées gratuites au salon du livre de Paris ! Non, je ne vais pas plaindre ces écrivains : puisqu'ils méprisent l'auto-édition, qu'ils ingurgitent jusqu'à la lie le breuvage des millionnaires !

Cette loi sommeillait dans les intentions depuis des années. Quand Hachette Livre et Google ont signé un protocole d'accord pour la numérisation, par Google, d'œuvres indisponibles du catalogue Hachette, Vianney de

la Boulaye, directeur juridique de Hachette Livre, fut interrogé par Amélie Blocman pour LÉGIPRESSE n° 278 - décembre 2010.
Il y déclare : « ***la gestion collective obligatoire est un recours imparable, mais elle ne sera pas mise en place avant 2012-2013...*** »
Deux pages d'interview : « *en préambule, les deux parties [Google et Hachette livre] prennent acte des divergences ayant existé, pour les dépasser afin de donner un cadre légal à leur coopération. Elles soulignent l'importance de la protection du droit d'auteur. (...)*
Le droit d'auteur est de plus en plus considéré comme un obstacle à la diffusion de contenus culturels... Il fallait donc faire quelque chose. Cet accord fait respecter le droit français et il importe de souligner que l'éditeur reprend le contrôle de ses droits. »
Admirons « *l'éditeur reprend le contrôle de ses droits* » quand il s'agit d'œuvres pour lesquelles les droits appartiennent à l'auteur !

Amélie Blocman pose alors la question cruciale :
- *La numérisation et la commercialisation des ouvrages ne pourront concerner que ceux dont Hachette détient les droits numériques. Êtes-vous à ce jour titulaire de ces droits ?*
Réponse de Vianney de la Boulaye :
- *Le contrôle des droits par Hachette de ses auteurs est primordial. Bien sûr se pose la question de la titularité des droits numériques par Hachette, qui est une condition pour pouvoir rentrer dans le cadre du protocole d'accord. Hachette va devoir revenir vers certains auteurs ponctuellement et réfléchit actuellement à comment "régulariser" au mieux. De même, dans certains contrats antérieurs à la loi de 1957, il n'y a pas de cession de*

droit. La gestion collective obligatoire est un recours imparable, mais elle ne sera pas mise en place avant 2012-2013... Cependant, la gestion collective volontaire des droits d'auteur peut être envisageable, c'est d'ailleurs une hypothèse étudiée.

Naturellement, ce vœu de Lagardère, ainsi exprimé publiquement, rejoignait le vœu d'autres grands éditeurs. Pour l'occasion, ils sont tous dans le même bateau... Mais le groupe Lagardère, numéro 1 de l'édition, pouvait se prévaloir des relations privilégiées d'Arnaud avec le président Nicolas Sarkozy (« *Arnaud est plus qu'un ami ! C'est un frère* », proclamait NS en avril 2005). Le changement de Président fut sûrement dédramatisé : journaliste, la compagne de François Hollande est une "belle plume" de *Paris-Match*, de chez Lagardère. Que "la première dame de France" travaille pour l'une des plus grandes holdings, propriétaire du premier groupe français d'édition, ne crée aucun problème ? Cerise sur le gâteau, Aurélie F. sous contrat. Vive la démocratie de la cinquième République française...

Le mal est ancien, la trahison des écrivains trônait déjà dans la loi : **copie privée et droit de prêt en bibliothèque.**
La France s'honore d'aider les écrivains également par la rémunération pour la copie privée et au titre du prêt en bibliothèque. Mais les portes du gestionnaire de cette manne financière, déjà la Société Française des Intérêt des Auteurs de l'écrit (SOFIA), sont fermées aux écrivains indépendants, pourtant professionnels de l'édition, déclarés en profession libérale, auteur-éditeur.
Les consommateurs comme les fabricants considèrent "souvent" qu'ils payent trop cher pour le droit de copie

privée, même sur des supports qu'ils utilisent pour la copie de leurs propres données. Les bénéficiaires s'expriment peu. Qui sont les grands bénéficiaires ? Dans le monde du livre, principalement les éditeurs ! Compenser financièrement le préjudice subi par les titulaires de droits d'auteur et de droits voisins afin de maintenir l'exception de copie privée au bénéfice du consommateur, tel est l'objectif claironné du système de la rémunération pour copie privée.

La loi du 4 juillet 1985 a instauré une commission indépendante, composée de représentants des redevables et des bénéficiaires, qui a pour mission de déterminer les modalités de mise en œuvre de cette rémunération pour copie privée. Les montants collectés sont reversés à hauteur de 75% aux bénéficiaires, soit plus de 129 millions d'euros en 2008. Les installés se partagent ainsi 25% des montants perçus, prétendument dédiés à des actions d'intérêt culturel... L'intérêt culturel de qui ?

Pour les livres, 75% des sommes collectées reviennent aux auteurs ? Mais non, elles passent par cette société de gestion, prétendue administrée à parité par les auteurs et les éditeurs... (avec les célèbres auteurs inféodés aux éditeurs) Quant au "dynamisme culturel", même s'il pourrait être assuré par les écrivains indépendants, les 25 % ne leur sont pas destinés...

Mais tout est bien encadré : une clé de répartition est établie à l'article L. 311-7 du CPI entre les ayants droit en fonction du type d'objet protégé. Pour les phonogrammes, la rémunération bénéficie pour moitié aux auteurs, pour un quart aux producteurs et pour un quart aux artistes interprètes. Pour les vidéogrammes : un tiers aux auteurs, un tiers aux artistes interprètes, le reste aux producteurs. Quant aux œuvres de l'écrit et de l'image fixées sur un support d'enregistrement numérique, la rémunération est répartie à part égale entre les auteurs et les éditeurs.

« La Sofia… société civile de perception et de répartition de droits, administrée à parité par les auteurs et les éditeurs dans le domaine exclusif du Livre. Seule société agréée par le ministre chargé de la Culture pour la gestion du droit de prêt en bibliothèque, la Sofia perçoit et répartit le droit de prêt en bibliothèque. Elle perçoit et répartit également, à titre principal, la part du livre de la rémunération pour copie privée numérique. »
Les auteurs peuvent adhérer à la Sofia :
« Pour percevoir les droits gérés par Sofia dans les conditions les plus favorables,
- Pour recevoir régulièrement une information utile sur toutes les évolutions concernant le droit d'auteur et les actions conduites en votre faveur auprès des pouvoirs publics,
- Pour faire entendre votre voix dans la seule société qui réunisse à parité auteurs et éditeurs et qui prenne des initiatives communes au plan politique et juridique pour la défense de vos droits. »

Contre un chèque de 38 euros, l'auteur obtiendra une part sociale. Mais il doit avoir publié à compte d'éditeur...
Quant aux éditeurs ils doivent présenter des contrats d'édition pour adhérer. Ce qui semble exclure "en douceur" la catégorie des auteurs-éditeurs indépendants !
Cette société fut créée en février 2000 par le SNE (Syndicat national de l'édition ; Syndicat national des éditeurs classiques semblerait plus précis) et la SGDL (Société des gens de lettres de France... gens de lettres passés par un contrat à compte d'éditeur).
Interrogée (je m'étais d'abord intéressé aux droits de prêts), naturellement la Sofia confirme

Le 3 juillet 2012 :

Bonjour,

Je vous confirme que les livres autoédités n'entrent dans le cadre du droit de prêt.

Ils ne sont pas déclarés par les bibliothèques et donc pas rémunérés.

Le contrat d'édition est indispensable.

Je vous précise qu'à ce jour seuls les livres en version papier sont pris en compte.

Cordialement,

Réponse au message du 20 juin 2012 :

Bonjour,

Auteur-éditeur professionnel (numéro Siret, charges Urssaf, Rsi, BNC...), je ne touche actuellement aucun "droit de prêt."

Merci de m'indiquer de quelle manière je peux y prétendre (14 livres en papier et une soixantaine en numérique)

Naturellement, Auteur-éditeur, je ne signe pas de contrats d'édition.

Une phrase m'inquiète

"*Tous les éditeurs cessionnaires de droits d'exploitation d'œuvres peuvent adhérer à Sofia sur justification de l'existence de contrats d'édition.*
http://www.la-sofia.org/sofia/editeurs-de-livres.jsp"

Elle semblerait signifier que les indépendants sont exclus de la gestion du droit de prêt.

Est-ce le cas ?

Amitiés

Stéphane Ternoise
www.ecrivain.pro

L'existence du droit de prêt en France est une conséquence de la directive européenne n°92/100 du Conseil du 19 novembre 1992, relative au droit de location et de prêt. Elle reconnaît, dans son article 1er, le droit d'autoriser ou d'interdire le prêt d'originaux ou de copies.
La loi du 18 juin 2003 l'a organisé en France en créant un droit à rémunération pour l'auteur au titre du prêt de ses livres dans les bibliothèques. Cette licence légale garantissait aux bibliothèques le « droit de prêter ». Les livres des écrivains indépendants furent donc exclus de la loi ! Comme si certains souhaitaient qu'ils n'entrent pas en bibliothèque...
Adopté à l'unanimité par le Sénat le 8 octobre 2002, le projet de loi relatif au droit de prêt vint ensuite en première lecture à l'Assemblée Nationale le 2 avril 2003 et le Parlement l'adopta le 18 juin 2003.
L'auteur perdait son droit d'autoriser ou d'interdire le prêt des exemplaires de son œuvre... contre une rémunération compensatoire qu'il partage à parts égales avec son cher éditeur... L'auteur, s'entend celui dans le système de l'édition traditionnelle.
L'exclusion des indépendants figure dans le code de la propriété intellectuelle ! Grande démocratie que la France ! Chapitre 3 du livre premier du CPI. Conforme à la Constitution française ? Aucun groupe parlementaire n'ayant contesté la manœuvre, le Conseil Constitutionnel ne s'est pas saisi du dossier. Une loi peut être anticonstitutionnelle : il suffit de léser une minorité silencieuse, une minorité dénigrée au point d'être niée, ici les écrivains invisibles.

Article L133-1

« *Créé par Loi n°2003-517 du 18 juin 2003 - art. 1*

Journal Officiel du 19 juin 2003, en vigueur le 1er août 2003.

Lorsqu'une œuvre a fait l'objet d'un contrat d'édition en vue de sa publication et de sa diffusion sous forme de livre, l'auteur ne peut s'opposer au prêt d'exemplaires de cette édition par une bibliothèque accueillant du public.

Ce prêt ouvre droit à rémunération au profit de l'auteur selon les modalités prévues à l'article L. 133-4. »

Une petite phrase suffisante : « *Lorsqu'une œuvre a fait l'objet d'un contrat d'édition* ». Un écrivain, auteur-éditeur, ne se fait de contrat d'édition : travailleur indépendant, il assume ses charges avec ses recettes.
S'il entrait dans les détails (les connaît-il ?) Martin Malvy pourrait répondre que le *Centre Régional des Lettres* suit l'esprit des lois. Oui, la France est un pays d'exclusion du travailleur indépendant dans le domaine de l'édition.

Actuellement l'État verse une rémunération forfaitaire de 1,50 € par inscrit en bibliothèque publique et 1€ par inscrit pour les bibliothèques universitaires (les usagers des bibliothèques scolaires n'entrent pas dans le calcul). La contribution de l'État est d'environ onze millions d'euros par an…

Le contrat d'édition en 2013

Quand un "éditeur classique" (ne pas confondre avec le compte d'auteur) accepte de publier une œuvre, l'acquisition simultanée des droits numériques avec les droits en papier, dans un même contrat, s'est généralisée. Fruit de "grandes négociations", le contrat est désormais divisé en deux contrats mais signé en même temps. Le SNE a accepté un partenaire habilité à ratifier ses souhaits, avec naturellement parfois quelques tensions nécessaires au grand cirque de la manipulation des auteurs de base : le CPE, une forme de "suite logique" du "Contrat première embauche" mais pour les écrivains, où des notables structurés prétendent défendre les intérêts des auteurs... Dans ce CPE figure même la Sacem, une oligarchie où 4500 sociétaires riches ont verrouillé la société toujours prompt à mettre en avant ses 145 000 membres.

Pour les auteurs déjà publiés dans la maison, l'éditeur a rapidement pris l'habitude de glisser un avenant aux précédents contrats. L'auteur ne lit pas toujours ces documents, tellement heureux d'avoir été accepté, et accorde des conditions très avantageuses...

Peu d'auteurs ont les moyens de refuser la cession des droits numériques quand ils signent un contrat d'édition. Le Bief, Bureau international de l'édition française, notait, dans son étude "Achats et ventes de droits de livres numériques : panorama de pratiques internationales" publiée en mars 2011 : « *La politique du tout ou rien que pratiquent plusieurs maisons anglo-saxonnes, consistant à refuser d'acquérir les droits papier si les droits numériques ne sont pas inclus, semble être efficace par son caractère dissuasif.* » Ce qui ressemblait fort à un conseil aux éditeurs français !

Le même document analysait : « *Les cas de refus* [de céder les droits numériques] *connus sont des exceptions. En examinant la question de plus près, il apparaît que le refus de céder les droits est plus souvent le fait des agents que des auteurs. À l'instar du cas très médiatisé de l'agence Wylie, refusant un temps de céder les droits numériques de plusieurs de ses auteurs pour les titres du fonds, afin de commercialiser directement ces œuvres via le distributeur Amazon, d'autres agents renommés préfèrent conserver les droits, au moins temporairement, tels Carmen Balcells en Espagne (pour les auteurs de langue espagnole), ou Roberto Santachiara en Italie. Dans le cas de ce dernier, son refus est motivé non pas par un projet d'exploitation directe, contrairement à Wylie ou Balcells, mais par le niveau de rémunération couramment proposé à l'international – 25 % de la somme nette reçue – qu'il juge insuffisant.* »

Pourtant : « *Quelques auteurs conservent leurs droits à des fins d'autoédition...*

*Les éditeurs rencontrés ailleurs (Londres, Munich, São Paulo, Tokyo, New York) rapportent également des refus épisodiques. Plusieurs raisons peuvent expliquer le choix de conserver les droits. Bien souvent, les auteurs souhaitent simplement attendre de voir comment évolue le marché et les rémunérations. L'***autoédition*** attire certains d'entre eux et, en raison de la tentation que celle-ci représente, tout éditeur est désormais en droit de craindre le départ d'auteurs phares, dont la production assurait jusque-là une part importante des revenus de la maison.* »

Constat pourtant suivi d'une entrée détaillant « ***l'autoédition est pour l'instant un phénomène marginal, voire inexistant.*** »

Mais les éditeurs français étaient prévenus : **« L'autoédition attire certains d'entre eux et, en raison de la tentation que celle-ci représente, tout éditeur est désormais en droit de craindre le départ d'auteurs phares, dont la production assurait jusque-là une part importante des revenus de la maison. »** Ah si Michel Houellebecq osait !

« Rémunération des droits numériques
Application fréquente du taux de 25 % de la somme nette reçue.

Concernant la rémunération des auteurs, on observe fréquemment, à l'international, l'application d'un taux de 25 %, assis sur la somme nette reçue par l'éditeur (net receipts). Néanmoins, les usages diffèrent parfois dans les contrats nationaux, et plusieurs exceptions sont à signaler. Initiée aux États-Unis, la pratique des 25 % s'est d'abord répandue dans les pays anglo-saxons (Amérique du Nord, Royaume-Uni), pour gagner ensuite les pays d'Europe continentale. C'est désormais une pratique largement acceptée dans les pays latins (Espagne, Italie), mais aussi en Suisse et dans les pays scandinaves. »
Toujours le même document.

Alors que le taux moyen des droits d'auteur d'un livre papier se situe autour de 10%, les éditeurs semblent communiquer sur un taux de 25 %... des sommes reçues par l'éditeur. Choquant : l'éditeur gagne directement quatre fois plus que l'auteur. Et indirectement... il peut empocher nettement plus. Que reste-t-il sur un ebook vendu 10 euros ? Tout dépend du circuit de distribution ! Les principaux sites de vente (Amazon, Fnac, Itunes, Kobo) travaillent à 30%, la TVA oscille entre 3% (pour les entreprises dont le siège est au Luxembourg) et 5,5% pour celles en France. Mais de l'éditeur au vendeur, un distributeur s'impose. Rares sont les éditeurs à travailler en direct. Quelle est sa marge ? Immateriel, edistributeur de mes ebooks, conserve 10%. Mais quelle marge chez les edistributeurs créés par des éditeurs, dont la mission "secrète" pourrait se révéler, à l'usage, de faire remonter des liquidités aux actionnaires dans le dos des auteurs ? Avec une marge edistributeur à 10%, 57% du montant généré sur Amazon revient à l'éditeur. L'auteur recevra alors moins de 15% du prix TTC de son ebook ! On comprend son insatisfaction d'un prix du numérique divisé par trois ou même deux par rapport au papier et son soutien à son éditeur souhaitant un tarif élevé... quand il a adopté ce raisonnement.

Mais imaginons une marge edistributeur à 30%, il ne reste plus que 37% du montant généré sur Amazon et l'auteur, avec un quart de cette somme, n'atteint même pas 10% du prix de vente en droits d'auteur ! Son éditeur lui répondra : 25% ! Quant aux actionnaires de l'éditeur, s'ils récupèrent les 30% via une filiale d'edistribution, ils empochent six fois plus que l'auteur. Ils pourraient même toucher encore plus s'ils parvenaient à créer un "portail des éditeurs" pour, naturellement, concurrencer l'hydre Amazon ! Naturellement des libraires indépendants pourraient recevoir quelques pour cent du capital, justifiant ainsi l'annonce "portail des éditeurs et libraires" sur lequel toute bonne lectrice, tout bon lecteur, serait prié d'acheter. Achetez français ! Œuvrez à la fortune des cinq cents grandes familles du pays !
M. David Assouline, au Sénat, le 29 mars 2011, analysait : « *Avec le livre numérique, l'éditeur touchera sept fois plus que l'auteur !* »

L'utilisation, plutôt qu'un taux sur le prix de vente, « *d'un taux de 25 %, assis sur la somme nette reçue par l'éditeur»*, ouvre la porte à ce genre d'entourloupe...

Le rôle du distributeur vous est inconnu ?

« *Alors que dans les autres pays comparables l'éditeur et le distributeur sont deux acteurs bien distincts, les principales maisons d'édition françaises ont développé leur propre circuit de distribution, à l'exemple de la Sodis appartenant à Gallimard ou de Volumen dans le cas du groupe La Martinière. En contrôlant le processus de distribution, les éditeurs français se sont donnés les moyens de dégager des marges plus importantes qu'avec leur seule activité éditoriale.*

L'intégration de la distribution reste aujourd'hui encore l'une des principales sources de la bonne santé économique des éditeurs français (...)

Avec la transmission directe d'un texte depuis une plate-forme de téléchargement vers une tablette ou une liseuse, l'impression et la distribution du livre ne sont plus nécessaires. Or c'est cette dernière étape de la chaîne du livre qui est aujourd'hui la source majeure de rémunération pour l'éditeur. »
Note d'analyse officielle gouvernementale, mars 2012

Avec le livre papier, les éditeurs gagnaient des deux côtés, édition et distribution. Avec le numérique, ils souhaitent reproduire le même système...

Même si "*systèmes de protection utilisés*" ne concerne pas directement le contrat d'édition, le regard du Bief dans le même dossier de mars 2011, est révélateur de la perte d'éléments essentiels pour un auteur, dont l'ajout ou nom du DRM « *Toutes les maisons rencontrées recourent désormais aux systèmes DRM pour protéger leurs fichiers (dispositifs de gestion des droits numériques, ou Digital Rights Management). Dans quelques cas marginaux, signalés en Espagne et au Brésil, certains auteurs choisissent de ne pas protéger leur œuvre par DRM ou par d'autres systèmes. Les DRM sont habituellement installés par les distributeurs. Le coût de l'encodage est variable, mais souvent n'est pas connu avec exactitude par les éditeurs, car compris dans le service fourni par la plateforme distributrice. Lorsqu'il est connu, les chiffres communiqués varient entre 0,15€ et 0,20€ par copie.*

La technique du watermarking (tatouage numérique) est considérée comme plus simple à mettre en œuvre, mais moins efficace et moins fiable. Cette protection est utilisée occasionnellement en interne par les éditeurs pour faire circuler les manuscrits au stade de l'édition afin de prévenir les risques de fuite, en particulier lorsqu'il s'agit de bestsellers potentiels. Quelques maisons s'en servent également pour communiquer aux journalistes et aux agents les bonnes feuilles au format PDF. D'autres maisons enfin utilisent le watermarking pour protéger des livres numériques dont les droits sont tombés dans le domaine public. »

L'auteur perd également la liberté de modifier le prix de vente de son œuvre, paramètre essentiel dans la vie d'un ebook.

L'insertion d'une clause de révision des conditions de rémunération se pratique désormais mais quand on constate qu'il semble normal qu'un éditeur gagne quatre fois plus qu'un auteur, on se demande sur quel critère cette renégociation pourrait s'engager...

Juridique : les droits numériques sont des droits premiers et constituent donc une extension du contrat d'édition.

La vérité sort du tweet

« *Tout dépend de la maison d'édition dans laquelle vous êtes édité, et du travail fait en amont par les attachés de presse auprès des journalistes et des jurés littéraires.* » Alain Beuve-Méry, petit-fils du fondateur du *Monde* où il s'occupe de l'édition.

Via mon compte @editeurpro, le 17 juin 2013, à 12 heures 01, au même :

@BeuveMeryAlain La France reste un pays où les journalistes s'intéressent aux romans des éditeurs amis http://www.romancier.org/roman2013.html

Réponse à 15 heures 42 :
@editeurpro c'est vrai. Mais quand le film est bien. On fait quoi

Mes amis sont tellement merveilleux, normal que je parle d'eux !

Le message de relance du 19 juin à 15 heures 11 est resté sans réponse...

@BeuveMeryAlain Mais à trop vous intéresser aux amis, vous n'avez plus le temps de regarder ailleurs! Comme expliqué http://www.romancier.info/romancier6.html

Il s'agit d'une page de présentation du *roman de la révolution numérique.*

Philippe Bouvard, qui n'est sûrement pas à répertorier parmi les écrivains, a remarqué dans ses "Mille et une pensées" : « *La confraternité n'est pas un vain mot qui aboutit à ce qu'un écrivain non journaliste a dix fois moins de chances qu'un autre de voir évoquer ses œuvres dans les journaux.* »

L'auto-édition c'est la liberté...

L'auto-édition c'est la liberté des sujets.
L'auto-édition c'est la liberté de style.
L'auto-édition c'est la liberté de ton.
L'auto-édition c'est la liberté des dates de publication.
L'auto-édition c'est la liberté de changer de nom (sans en référer à un éditeur).
L'auto-édition c'est la liberté de choisir le prix de vente.
L'auto-édition c'est la liberté d'innover.
L'auto-édition numérique c'est la liberté de toucher à tout (je publie même en livre numérique des jeux de société... ventes dérisoires !)
L'auto-édition numérique c'est la liberté de modifier rapidement (sous 48 heures) le prix de vente sur l'ensemble des plateformes (ou presque ! Les flux demandent encore des rodages, à la Fnac par exemple).
L'auto-édition numérique c'est la possibilité de corriger rapidement un texte.
L'auto-édition numérique c'est la liberté de publier sans exigence de « seuil de rentabilité. »
L'auto-édition numérique c'est la possibilité de régulièrement publier de la poésie.
L'auto-édition numérique c'est la possibilité de régulièrement publier des photos.
L'auto-édition numérique c'est la possibilité d'étendre au monde des sujets locaux.
Pourtant, cette liberté, qui devrait apparaître en phase avec les valeurs de la République, est combattue par les élus de la République. Aurélie Filippetti, Martin Malvy, Gérard Amigues (état, région, département), mon triptyque des soumis à l'oligarchie.
Un écrivain libre, c'est embêtant, ça peut même se

permettre de mettre les femmes et hommes politiques le nez dans leurs incohérences... Cette liberté n'est possible qu'avec un lectorat permettant d'atteindre un niveau de vie suffisant pour continuer. Ou il faut d'autres revenus ! De nombreuses situations exceptionnelles existent, de la conjointe (ou conjoint) aux héritages... Pourtant les personnes qui en ont les moyens s'auto-éditent rarement, préférant utiliser leur aisance pour obtenir un contrat d'édition, plus "gratifiant". Les petites prisons dorées semblent plus confortables que le tonneau de Diogène !
Le jour où Michel Houellebecq s'auto-éditera... un séisme emportera (presque) le microcosme des installés mais il ne manquera pas de bons serviteurs pour affirmer la décrépitude du lauréat du Prix Goncourt 2011... C'était bien en 2011 ? En tout cas, le lauréat 2012, son nom m'est parvenu mais là, à côté du figuier, sans connexion Internet, mon cerveau s'avoue incapable de le ressortir... Obtenir un prix Goncourt, c'est presque l'assurance de s'installer chez les notables. De nombreux lauréats n'y ont pas survécu, littérairement.

Voir :
http://www.autoedition.pro

Le monde de l'édition traditionnelle ne me convient pas

Devrais-je, comme tant d'autres qui partagent mes analyses mais préfèrent le taire publiquement, mettre de côté un certain idéalisme et "profiter du système" ? On ne change pas un système, on y fait son trou !
Naturellement, ces « *artistes engagés qui osent critiquer Pinochet à moins de 10 000 kilomètres de Santiago* », ne peuvent risquer de se fâcher avec le monde de l'édition. Face au pouvoir, il est plus facile de grignoter sa part de gâteau. On m'en veut d'oser "caricaturer" en collaborateurs du grand capitalisme des gens le plus souvent prétendus de gauche. Ces gens disponibles pour les "grandes causes" appellent docilement à voter Hollande, Malvy, Cahuzac, Guérini, Baylet, Tapie, Pinel... De bons soldats de gauche...

Selon challenges.fr, Antoine Gallimard (et sa famille) serait la 224ème fortune de France avec 160 millions d'euros en 2012.
Il est "naturellement" devancé par Arnaud Lagardère (et sa famille) au 170ème rang avec 345 millions d'euros.
Lagardère Arnaud ? On ne martèle pas (et il sait rester discret, simplement envoyer des satisfecit à Nourry Arnaud chargé de faire remonter du cash) qu'il est le véritable patron chez Grasset, Stock, Fayard et compagnie, le groupe Hachette Livre.
Francis Esménard (et sa famille) 296ème avec 115 millions d'euros, fondateur et patron d'Albin Michel (il en contrôle toujours les trois quarts).
Dans "la famille" d'Antoine Gallimard au sens de challenges.fr, ne figure pas "Isabelle et Robert Gallimard et Muriel Toso", *conglomérat* classé au 321ème rang des

fortunes de France avec 100 millions d'euros tout rond. Le site du mensuel note "*Ces familles, actionnaires historiques et proches d'Antoine Gallimard, conservent 38 % de l'éditeur (CA : 253 millions).*"
Hervé de La Martinière, 472ème (encore 60 M€), président-fondateur (il en conserve 29 %) de La Martinière, qui a racheté le Seuil en 2004.
Jacques Glénat (et sa famille) 472ème fortune de France également. Il m'est inconnu mais il s'agit d'un grenoblois, à la tête de *Glénat Edition*, sûrement un pilier dans la BD (Chiffre d'Affaire 80 millions en 2012 avec 673 nouveautés).
Pierre Fabre les devance tous, au 54eme rang des fortunes françaises avec 800 millions d'euros. À la tête d'un mastodonte dans le domaine pharmaceutique, il semble s'intéresser aux discrets "vecteurs d'informations" : propriétaire de l'hebdomadaire "*Valeurs actuelles*", considéré très à droite et au capital (6%) de la *Dépêche*, éditeur de "*La Dépêche du Midi*"... qu'on dit très liée aux intérêts de Jean-Michel Baylet. Mais dans l'édition c'est surtout l'éditeur de François Hollande ("*Le rêve français : Discours et entretien (2009-2011)*") et Martin Malvy 2013 qui m'intéresse : « *Créées à Toulouse en 1839, les Éditions Privat restent une des très rares maisons d'édition françaises à rayonnement national à n'être pas située à Paris. Elles ont été achetées par les Laboratoires Pierre Fabre en 1995.* » Pierre Fabre sponsorisait le rugby à Villeneuve-sur-Lot au temps du Cahuzac tout puissant...
Il est mort fin juillet 2013, quelques heures après le suicide de Jack-Alain Léger.
Les "*Éditions médicales Pierre Fabre*", ayant par exemple publié "*Atlas proctologic*" de Roland Copé le 1er septembre 1994, ne semblent plus exister.

Amazon présente également un sûrement intéressant "*Les phlébites révélatrices*" de Griton Wallois, publié le 1er janvier 1499. Oui, le 1er janvier 1499, c'est écrit sur Amazon donc c'est vrai !
Travailler avec et pour ces millionnaires me dérangerait. Oui, quand on naît pauvre, on peut éprouver certaines retenues, sans même parler de lutte des classes. Aurélie Filippetti semble penser le contraire (elle écrit sur la lutte des classes mais aucun état d'âme visible à servir des lois aux installés, à part bien sûr Ernest Antoine Seillière) S'il n'y avait que l'argent, peut-être aurions-nous pu nous entendre. Mais il y a les méthodes.

Quelques phrases à opposer aux incompétents (dans le domaine de l'édition), toujours prompts à défendre l'édition nationale :
« *Tout dépend de la maison d'édition dans laquelle vous êtes édité, et du travail fait en amont par les attachés de presse auprès des journalistes et des jurés littéraires.* » Alain Beuve-Méry.
« *Les grands groupes publient, distribuent, vendent et font commenter favorablement les titres qu'ils produisent.* » Baptiste-Marrey.
« *Il* [Jean-Marc Roberts] *n'est pas très fier de la manière dont, chaque automne, il magouille pour que ses auteurs obtiennent des prix.* » Jérôme Garcin.
« *Les écrivains ne se nourrissent pas de viandes ou de poulet, mais exclusivement d'éloges* » résumait Henry de Montherlant… aurait-il opté pour l'indépendance en 2013, comme mon cher Stendhal auquel j'emprunte régulièrement « *l'homme d'esprit doit s'appliquer à acquérir ce qui lui est strictement nécessaire pour ne dépendre de personne* » ?

Louis-Ferdinand Céline exagérait sûrement avec « *Tous les éditeurs sont des charognes.* » Mais il fréquentait Gaston Gallimard de la famille des péremptoires : « *Un auteur, un écrivain, le plus souvent n'est pas un homme. C'est une femme qu'il faut payer, tout en sachant qu'elle est toujours prête à s'offrir ailleurs. C'est une pute.* »

Un adversaire puissant : le SNE

Le Syndicat national de l'édition est une organisation professionnelle des entreprises d'édition. Qu'elle défende les intérêts des éditeurs est donc logique ! Elle fut présidée jusqu'en 2012 par Antoine Gallimard (successeur Vincent Montagne).

En chiffre 2011 : « *près de 575 maisons d'édition, représentant la majeure partie du chiffre d'affaires de l'édition française, qui dépasse 2 829 millions d'euros en 2009.* »

2013 : « *avec plus de 670 membres, le SNE défend l'idée que l'action collective permet de construire l'avenir de l'édition.* » Chiffre d'affaire non vu. En l'an 2000 j'écrivais déjà « *l'auto-édition est l'avenir de l'édition.* »

Le SNE étant l'organisateur du Salon du livre de Paris, le regard chaque fois biaisé sur l'ebook présenté dans les médias à l'occasion de cette grande manifestation ne surprend guère !

Le 17 mars 2009, fut diffusé, lors de ce salon, un précieux document : « le *livre numérique : idées reçues et propositions.* »

Y étaient égrainés des arguments pour combattre l'idée qu'un livre numérique doive coûter moins cher qu'un livre papier, avec même l'affirmation qu'un ebook « *coûte au moins autant à produire qu'un livre papier.* »

Repartant du livre-papier où dix euros se répartissent à peu près en 1 pour l'auteur, 1,50 pour l'éditeur, 1,50 pour l'imprimeur, 1,70 pour le diffuseur et le distributeur, 3,80 pour le libraire, 0,50 pour l'Etat (TVA), l'ebook version SNE : « *L'auteur touche toujours autant, et aimerait bien davantage...* » Certes « *il n'y a plus d'imprimeur ni de frais de logistique liés au papier (transport et stockage).* »

Mais l'éditeur aura « *de nouveaux coûts* », et voici une liste à la Prévert : « *coûts de conversion des fichiers (voire de numérisation s'il s'agit de livres plus anciens), coûts de stockage des fichiers, coûts de sécurisation des fichiers, frais juridiques liés à l'adaptation des contrats d'édition et à la défense contre le piratage, etc.* »
Mais ce n'est pas tout : « *vendre des livres numériques ne se fait pas tout seul : cela nécessite un diffuseur-distributeur (« e-distributeur » pour reprendre la terminologie de Gallica2) et des sites de vente en ligne des livres (« e-librairies »).* »
Le SNE posait la bonne question : « *pourquoi ne pas pratiquer la vente directe ?* »
Sa réponse fuse, péremptoire : « *Ce serait méconnaître l'importance stratégique que revêt la librairie de qualité pour tous les éditeurs.* » Tous ? Depuis quand ? Les éditeurs n'ont-ils pas préféré jouer la carte de la grande distribution, fatale à de nombreux libraires indépendants ?

Bref, ces nouveaux coûts « *compensent peu ou prou* » ceux de l'imprimeur. « *Non seulement annoncer que le prix du livre numérique devra être inférieur de 30 % à celui de papier est dangereux pour le développement du marché numérique, mais il l'est aussi pour le livre papier, dont on ne comprendra plus qu'il soit à payer au juste prix : c'est tout l'édifice de la loi sur le prix unique qui risque d'être remis en cause.* »

Et des arguments pour combattre une affirmation : « *On pourra se passer d'éditeur à l'ère du numérique.* »
Contre cette *utopie*, un exemple fracassant : « *Stephen King a tenté l'expérience de vendre directement ses livres en ligne. Devant l'échec complet de sa tentative, il est*

revenu vers son éditeur... » Vous voyez bien que c'est impossible, Stephen King a échoué ! Mais pas en 2013 ! Il a essayé trop tôt ! Avant le Kindle et l'Ipad.

D'ailleurs : « *Cette idée reçue provient d'une méconnaissance du métier et de la valeur ajoutée de l'éditeur.* »

La grande vérité selon le SNE : « *Plutôt discret et en retrait derrière ses auteurs, l'éditeur a pourtant un rôle crucial : il sélectionne et « labellise » les œuvres en les intégrant dans un catalogue, un fonds, une marque reconnus par les lecteurs ; il apporte une contribution intellectuelle (« création éditoriale ») importante ; enfin il s'engage à exploiter commercialement les œuvres de manière continue (vente de livres, de droits dérivés, etc.).* »

Une réaction officielle significative du SNE : « *La loi du 1er mars 2012 sur l'exploitation numérique des livres indisponibles illustre cette adaptation du droit d'auteur aux nouveaux enjeux : sans faire appel à une nouvelle exception, la mise en place d'une gestion collective des livres indisponibles permettra de rendre accessibles, sous un format numérique, 500 000 œuvres du XXe siècle qui ne sont plus disponibles commercialement.* » Lettre ouverte aux candidats aux élections 2012.

Détruire des livres en papier

Dans les économies liées au passage à l'édition numérique, *bizarrement*, les éditeurs préfèrent ne pas aborder le dossier pilon. Certes, parler des invendus, ça ne se fait pas ! Lapalissade : un ebook qui ne se vend pas, ne devient pas du papier à recycler ! Le pilon est même rarement dans l'actualité. Chaque année une centaine de millions de livres sont pilonnés, détruits.
Pilonner : terme traditionnel pour signifier la destruction d'un livre invendu.
En moyenne, cinq cents millions de livres sont imprimés chaque année en France, quatre cents vendus, cent détruits. Un scandale ? « *Le pilon, ce n'est ni négatif ni scandaleux. C'est au contraire un régulateur nécessaire du secteur* » dixit le SNE.

"*On achève bien les livres*", un essai cinématographique, de Bruno Deniel-Laurent, 22' en post-production (mai 2012), 18' dans sa version produite par Hélène Badinter (http://www.brunodeniellaurent.com/films.htm).
Mercredi 2 novembre 2011, à l'occasion de "*24 heures autour du livre*", sur *France Culture*, il était présenté en cours de montage.
« *Le pilon* [de Vigneux-sur-Seine] *est un lieu secret où peu de monde pénètre. Chaque année des milliers d'écrivains voient leur livre pilonné, mais une extrême minorité a la curiosité d'assister à la mise au pilon concrète de leur œuvre.* »
À cette occasion, la page http://www.franceculture.fr/2011-11-01-la-condamnation-au-pilon livrait une belle interview confidence de Laurent Laffont, directeur éditorial de la maison JC Lattès :

« *Pourquoi on le fait, d'abord ? Parce que le livre est entre guillemets MORT, il n'a plus de sortie, plus personne ne le demande, pour la plupart. On ne peut pas le donner, parce que c'est ça le problème du don aujourd'hui : si vous donnez tout cela à des librairies, les gens auront pris l'habitude du don, c'est peut-être un peu terrible à dire, mais on casserait peut-être trop le marché en faisant ça. Et donc on décide de ne pas avoir des stocks immobiles dans des endroits, tout ça, et donc c'est à ce moment-là que l'on décide de pilonner un stock trop abondant. Ce que les éditeurs font de plus en plus souvent maintenant c'est ce que l'on appelle le pilon partiel, parce que soudain on a mal calculé, le livre s'est moins bien vendu que ce que l'on espérait, donc il peut nous rester trois quatre mille exemplaires d'un livre dont on vend cinquante à cent exemplaires par an, donc on en pilonne une partie. Mais le livre continue à vivre. Sinon y'a le pilon total mais à partir du moment où un éditeur pilonne totalement un livre, les droits d'auteurs sont reversés, du moins rapatriés, à l'auteur lui-même qui peut s'il le souhaite trouver un autre éditeur ou d'autres moyens.* »
Les autres moyens, je suppose qu'il pense à l'auto-édition !

Le titre d'un article de *Libération* du 18 janvier 2005 présentait certaines similitudes : « *On achève bien les bouquins* », où Edouard Launet racontait sa visite à Villeneuve-le-Roi, à un énorme broyeur de livres qui dévore 80 % du rebut de la production nationale. « *110 millions de livres finissent chaque année déchiquetés au pilon. Un cinquième de la production française...* »
Illustré de photos de piles de livres dévorés : « *grands rouleaux hérissés de marteaux pointus qui tournent inlassablement, explosant du papier dix heures par jour.* »

« *Quand la machine bleue a fait son office, la presse prend le relais.* Elle compacte les fragments de pages et expulse des balles d'environ deux mètres cubes ceinturées de fil de fer. Ça se revend entre quinze et trois cent cinquante euros la tonne. »
Chiffres 2003 sûrement officiels : 533 millions de livres sortis des presses des éditeurs de l'hexagone, 423 millions vendus, 110 millions au pilon.

Dans l'*Humanité* du 22 janvier 2005, Régine Deforges rebondissait sur « *le cimetière des livres.* »
Naturellement, ses premières lignes dressent un état des lieux connu mais qu'il est bon de reprendre par un auteur installé autorisé :
« *Nous autres, écrivains, savons bien que la vie d'un livre est courte et que s'il ne trouve pas son public dans le mois qui suit sa sortie, il est condamné au pilon, c'est-à-dire à la destruction, pour laisser la place à d'autres. Quand on sait qu'un livre, pour ne parler que des romans, demande à son auteur entre deux et trois ans de travail quotidien, un mois pour le faire connaître, c'est peu. Quand on sait que, chaque année, l'édition française publie plus de cinq cents millions d'ouvrages dont plus de cent millions seront détruits, cela plonge l'écrivain dans un profond malaise.* »
Admirons le fatalisme du *nous autres, écrivains, savons bien...* Comme si cette dérive relevait d'une convention collective du gribouilleur.
Elle apporte immédiatement une vision très humaniste (nous sommes dans l'*Humanité* !), celle de millions de lecteurs potentiels, qui seraient ravis de recevoir ces livres, pour aussitôt, naturellement, la balayer au nom des réalités : « *À cela, les éditeurs rétorquent qu'envoyer des livres dans les pays pauvres coûterait plus cher encore*

que de les stocker ; d'où la nécessité de les détruire.» Logique ! Tout est vraiment pour le mieux dans le meilleur du Tout-Paris (et en plus, Régine Deforges fut sûrement payée pour une telle analyse).

Puis elle s'intéresse à son microcosme : « *Dans le milieu éditorial, on ne voit pas la solution.* "Publiez moins", *disent les critiques envahis, chaque jour, par les services de presse des nouveautés.* » Elle cite, c'est très instructif, une déclaration du Syndicat National de l'Edition : « *Le pilon, ce n'est ni négatif ni scandaleux. C'est au contraire un régulateur nécessaire du secteur.* » Ah ! Si un syndicat a dit, l'*Humanité* approuve !

Vous croyez peut-être que le pilon concerne uniquement la production industrielle rédigée par des nègres pour des stars ?

En 1997, Julien Green envoie deux lettres recommandées chez Fayard, dénonce ses contrats et récuse son « agent général. » L'écrivain reproche à son éditeur un trop grand nombre d'exemplaires envoyés au pilon (et des tirages inférieurs au minimum fixé, 5 000).

Son fils adoptif poursuivra la procédure après sa mort en août 1998. Le 26 mai 1999, premier jugement : Fayard perd ses droits sur l'œuvre de Green (et condamnation à 100 000 francs de dommages et intérêts). L'éditeur interjette appel... et obtient gain de cause ! Le 20 décembre 2000, Jean-Éric Green est débouté de toutes ses demandes ! Son pourvoi en cassation ne donnera rien : notre juridiction suprême tranche définitivement, en 2001, en faveur de Fayard.

Les syndicats, la justice, les écrivains fatalistes, c'est l'unanimité !

Jérôme Garcin, dans le *Nouvel Observateur* du 21 septembre 2006, débute son édito par : « *C'est le grand tabou de l'édition française. Tout le monde sait qu'il existe mais personne n'ose en parler. Il faut imaginer une sorte de monstre du loch ness aux mâchoires gigantesques et à l'appétit inextinguible. Cet ogre masqué engloutit 100 millions de livres par an.* »
Son constat n'est qu'une simple chronique d'un roman intitulé « *le pilon* » de Paul Desalmand... « *il faut savoir que, sur les quelque 700 romans qui viennent de paraître, la majorité est promise à l'enfer du pilon.* »
Mais aucune proposition de réforme.

J'ai invité les parlementaires à guérir le monde du livre de sa maladie du pilon... en s'inspirant de la chanson...
Une société de pressage (reproduction CD, DVD, cassettes, vinyle...) est autorisée à lancer la fabrication uniquement si elle a reçu l'autorisation SDRM (Société pour l'administration du droit de reproduction mécanique), envoyée après paiement des droits d'auteur. Environ 8% du prix de vente. La SDRM collecte ces sommes destinées aux ayants droit, reversées par la sacem.
S'inspirer et non copier ! Inutile de créer une société... SACEM-SDRM ingurgitent environ 20% des sommes collectées : il suffit d'un formulaire où l'auteur atteste avoir perçu ses droits pour X exemplaires. **Avec un tel procédé, les éditeurs hésiteraient à fabriquer des livres uniquement pour remplir tables et rayons.**
Oui, le producteur de musique verse les droits d'auteur avant de fabriquer le support, donc avant de vendre (les ventes par souscription sont marginales). Les éditeurs s'indigneront, hurleront qu'on veut tuer une activité « déjà sinistrée », qu'elle a besoin d'aides, de subventions, et non de cette « mauvaise chanson »...

Le pilon peut représenter une opportunité pour les écrivains qui l'ont subi, comme le rappelle Laurent Laffont. L'alinéa 1 de l'article L.132-17 précisant que « *Le contrat d'édition prend fin, indépendamment des cas prévus par le droit commun ou par les articles précédents, lorsque l'éditeur procède à la destruction totale des exemplaires.* »

L'impression à la demande, telle que l'organise Lagardère, constitue une option intéressante pour considérablement réduire le pilon. Il suffit d'imprimer en offset uniquement les titres bankables et passer le reste à la demande. Une édition à deux vitesses même chez les mastodontes semble se dessiner, avec les auteurs médiatisés sur les tables et les autres à commander. Libraire, quel beau métier ! Pas certain qu'Amazon ne soit pas encore plus sollicité, car chez lui le temps d'attente est invisible, inutile de revenir en centre ville, y dénicher une place de parking...

Non aux subventions !

Un de mes sites, depuis 2005, porte ce nom, nonauxsubventions.com. Dans l'indifférence totale !

Les subventions tuent la création, embrigadent le créateur dans les souhaits du subventionneur. Surtout ne pas écrire une phrase qui pourrait, dans dix ans, sortir devant les yeux d'un subventionneur. Et tout politique peut le devenir...
Imaginez le Président de la Région Midi-Pyrénées lançant la requête « Martin Malvy Stéphane Ternoise » sur google. Aurais-je droit à une bourse du CRL ?
Même médiatiquement y'a danger avec ces politiques également patrons de presse : imaginez le président du PRG devant son écran et la réponse à « Jean-Michel Baylet Stéphane Ternoise ». Aurais-je droit à un article dans sa *Dépêche* ?

Non, vous n'imaginez pas Martin Malvy s'adonner à ces basses besognes... Son plus proche collaborateur alors ? La secrétaire du CRL vérifie les mails et courriers de cette manière avant de les transmettre ? Y'a eu tellement d'embauches au Centre régional des Lettres de la région Midi Pyrénées, qu'il leur faut bien des occupations (passage d'une employée en 2002 à six en 2013).

Non, les gens ne sont pas comme ça. Blabla de gauche, humanistes, tolérants, ouverts à la culture... Les gens, je l'ignore mais "la rancune" semble l'une des "qualités" les plus tenaces chez l'humain. Quant aux politiques... ont-ils d'autres motivations ? (je connais la région Midi Pyrénées, un peu l'Aquitaine, donc ne me permettrai pas d'extrapoler... dans tout domaine il existe des us, des coutumes... et des exceptions)

Zazieweb.fr était une "*communauté des lecteurs*". Le portail s'affiche en pause depuis septembre 2009. Un article de livreshebdo expose cette impossibilité de continuer malgré « *1 912 éditeurs... la petite édition.* » Isabelle Aveline, en se lamentant, met bien le doigt sur la subventionnite : *"Parce que la chasse aux subventions est un modèle épuisant... et vain, au final : 5 000 euros par-ci, 2 000 euros par-là... (...) Parce que la « case numérique culturel » n'existe pas dans les institutions et financeurs et qu'il faut « jongler »... : non, Zazieweb n'est pas une librairie, n'est pas une maison d'édition, n'est pas une bibliothèque, n'est pas un événement littéraire, n'est pas une revue littéraire... hum..., je crois que c'est tout cela à la fois !"* Elle aurait voulu engranger pour toutes les raisons mais éprouvait des difficultés à passer aux caisses. Pauvre femme ! Y'en a marre de ces subventionnés ! On veut vivre de notre plume sans subir les distorsions de concurrence des amis des politiques. Qui plus est, et c'est également la raison de l'utilisation de cet exemple, Isabelle Aveline démontre bien que ça ne sert qu'un temps ! Car ensuite, quand les subventions s'arrêtent (vous n'avez pas suffisamment rendu service, d'autres sont à privilégier...), le "créateur" tombe dans un profond désarroi. Il pensait pourtant mériter ses sinécures, qu'elles le nourriraient toute sa vie. Ils en oublient même de créer, les néo-notables ! Le manque d'argent est également un moteur, stimulateur de la création... (mais dans l'excès, il peut anéantir, donc profitant du Sarkothon je lance un appel aux dons... http://www.ecrivain.pro/don.html ! Bide monumental !)

Le budget comme les listes des subventionnés du *Centre National du Livre* sont publiques... mais il faut fouiner pour les consulter...

En 2011, le budget du CNL culminait à 45,55 millions d'euros et 187 créateurs "littéraires" se sont partagés 1 613 500 euros. Donc silence les auteurs, comme ces élus, vous pouvez manger au râtelier des aides... Soyez patients, soumis et faites-vous des amis utiles !

45,55 millions d'euros ! *« Ces recettes proviennent à 79 % de deux taxes, soit 36,06 M€, suivant une courbe tendancielle déjà ancienne à la concentration et qui se continue ici (+ 2 points). La première de ces taxes, portant sur l'édition (0,2% des CA excédant 76 300 €), atteint 5,32 M€, marquant une augmentation conjoncturelle de 5,6 % (soit +0,28 M€) en raison des bons résultats de la filière sur l'exercice. La deuxième, portant sur les appareils de reproduction et d'impression, bénéficie d'une amélioration structurelle de 9,2 % (soit + 2,59 M€) sous l'effet du relèvement de son taux, à partir de 2010, de 2,25 % à 3,25 % : elle atteint ainsi 30,74 M€»*

Ainsi, même l'argent des inféodés à l'édition classique (les 0,2% des CA supérieurs à 76 300 €, ce sont bien des sommes collectées sur les ventes de leurs livres), les 5,32 millions d'euros, ne reviennent pas aux auteurs... D'autres affectations sûrement plus utiles... Augmentez de 0,2% les droits d'auteur et supprimez le CNL !

Un système qui met en avant les aides aux auteurs pour mieux se partager 96,5% du budget ! Mais naturellement ce système fonctionne grâce aux écrivains qui vivent sur l'espérance de toucher le jackpot. 28 000 euros, c'est en effet énorme, ça me permettrait de tenir plusieurs années... Le vingtième siècle démontra de manière extrême que toute dictature a besoin de collabos pour perdurer. Les systèmes injustes puisent naturellement leur mode de fonctionnement dans cette boue de l'histoire. Le pire, s'il y a pire en la matière, étant que des auteurs-donneurs-deleçons collaborent ainsi à la pérennité du monstre.

Quant aux 30 millions d'euros des taxes sur les appareils de reproduction et d'impression, les utilisateurs devraient refuser de les payer, en soulevant cette possible inconstitutionnalité, évidente discrimination.

« *Décidées par le Président du Centre national du livre, après avis d'une commission ou d'un comité d'experts, les aides mises en œuvre par l'établissement sont exposées de façon détaillée dans le présent bilan, via une présentation par article budgétaire, puis par commission ou type d'accompagnement.* »
Ces bourses ne représentent, en 2011, que 7,1% du budget consacré aux interventions.
9% aux "activités littéraires" (des " sociétés des amis d'auteurs" ont ainsi bénéficié de 165 000 euros + 2 474 836 euros aux "subventions développement vie littéraire")
20,5% Subventions à l'édition (soit 6 027 070 euros)
Aides aux revues 1 124 135 euros.
Aides à la traduction 2 575 424 euros.
Projets spécifiques 178 558 euros.
Subventions à la publication 2 148 953 euros.

Le budget interventions en 2011 fut de 30 859 137 euros. Sur un budget global de 45 millions... Où s'évaporent les 15 millions ? En frais de fonctionnement ?
Petite bizarrerie : des bourses aux créateurs littéraires, les 1 613 500 euros aux 187 bénéficiaires, quand les 7,1% représentent une dotation finale de 2 133 860 euros... la différence est sûrement... ailleurs...

Bourse de découverte : 3 500 euros. (47 aides)
Bourse de création : 7 000 euros. (89 aides)
Bourse de création : 14 000 euros. (43 aides)
Année sabbatique : 28 000 euros. (8 aides)

La liste de ces heureux bénéficiaires 2011 existe (naturellement, il est difficile de refuser de l'argent indispensable... si ce n'est pas moi, ce sera un autre... et personne n'entendra mon indignation... continue à crier Ternoise !). Ah une année sabbatique à 28 000 euros ! Je tiendrais bien trois ans avec une telle galette ! Ne critiquez jamais un potentiel futur président du CNL ! Le budget interventions en 2011 fut de 30 859 137 euros. Sur un budget global de 45 millions... Où passent les 15 millions ? En frais de fonctionnement ?

Donc, les bourses destinées aux créateurs littéraires où 187 bénéficiaires se sont partagés 1 613 500 euros. (alors que les 7,1% représentent une dotation finale de 2 133 860 euros... la différence est sûrement... ailleurs...)

43 bénéficiaires en bande dessinée : 353 500 euros.
28 en littérature jeunesses : 315 000 euros.
6 en littérature étrangères : 42 000 euros.
31 en poésie : 276 500 euros.
69 en roman : 539 000 euros.
10 en théâtre : 87 500 euros.

Bourse de découverte : 3 500 euros. (47 aides)
Bourse de création : 7 000 euros. (89 aides)
Bourse de création : 14 000 euros. (43 aides)
Année sabbatique : 28 000 euros. (8 aides)

Bande dessinée

ADAM Peggy : pour le projet Grisons (Suisse) 14 000 euros.
ALAGBE Yvan : Amour, histoire véritable (scénario et dessin) (département 26) 28 000 euros.
ARNAULT Mathilde : Rock Zombie ! 2 (scénario et dessin) (33) 3 500 euros.
BAUR Catherine : Vent mauvais (34) 7 000 euros.
BERNARD Frédéric : La patience du tigre, une aventure de Jeanne Picquigny (21) 14 000 euros.
BONNEAU Laurent : Max (75) 3 500 euros.
BOUDIER Germain : Le sentier (29) 7 000 euros.
BOUDJELLAL Farid : Le cousin harki (75) 7 000 euros.
BRAUD Claire : Romina Walser (scénario et dessin) (37) 3 500 euros.
CAILLEAUX Christian : Un crime (33) 14 000 euros.
CHAPRON Glen : Early morning (44) 14 000 euros.
CHIAVINI Lorenzo : Soufre (16) 7 000 euros.
CLAIRAT Guillaume : Les trois Frances (75) 14 000 euros.
COTINAT Luc : Journal d'un casanier (scénario et dessin) (35) 14 000 euros.
DEBEURME Ludovic : L'ombre du garçon (scénario et dessin) (75) 14 000 euros.
DEBOVE Sarah : Rock star locale (44) 3 500 euros.
DUCHAZEAU BENEIX : Frantz Projet autobiographique sur le thème de la résilience (75) 14 000 euros.
DUCOUDRAY Aurélien : Bosanska slika (36) 7 000 euros.
DUPUY Philippe : Les enfants pâles (dessin - scénario de Loo Hui Phang) (75) 7 000 euros.
FERLUT Nathalie : Eve sur la balançoire (16) 7 000 euros.

GILLOT Philippe : Boules de cuir (scénario et dessin) (94) 3 500 euros.
GUYOT Christian : Manouches (scénario et dessin) (75) 7 000 euros.
ING Phouséra : L'anarchiste (75) 14 000 euros.
KEU Chan : L'année du lièvre, tome 2 (69) 3 500 euros.
LAURENT Marion : Comment naissent les araignées (75) 3 500 euros.
LAVAUD Pierre : Le raccourci Hastings (16) 14 000 euros.
LE BORGNE : Christophe Nasty Suzy (75) 3 500 euros.
LECROART Etienne : Onze solos (93) 7 000 euros.
LEHMANN Matthias : Mes amis me vengeront (scénario et dessin) (75) 7 000 euros.
LEVAUX Aurélie : Sans titre, sur le thème autofictif d'une relation amoureuse à distance (scénario et dessin) (Belgique) 7 000 euros.
LONG Jean-Christophe : Le monstre, love transformer (24) 3 500 euros.
LOYAU Grégoire : Le solitaire (26) 3 500 euros.
MAHMOUDI Halim : Noir et amer comme un café sans sucre (31) 3 500 euros.
MARY Donatien : Stubb (75) 3 500 euros.
MICHAELIS Fanny : Avant mon père aussi était un enfant (scénario et dessin) (75) 3 500 euros.
MONPIERRE Roland : Saint-Georges, tome 2 : La légende de Fatras-Bâton (scénario et dessin) (75) 3 500 euros.
PAILHARET DIT MARION MOUSSE Pierrick : Une histoire de Louise Brooks (13) 7 000 euros.
PERRET Olivier : Joshua River Junior (scénario et dessin) (59) 3 500 euros.

PONTAROLO Frédéric : Deux Roméo sous un arbre (67) 7 000 euros.
POOT Christophe : Graham Schalken à Stockholm (Belgique) 7 000 euros.
REUZE Emmanuel : La vie de jésus (35) 14 000 euros.
RICARD Sylvain : Toi au moins, tu es mort avant (scénario - dessin de Daniel Casanave, d'après l'ouvrage de Chronis Missios) (75) 7 000 euros.
SCHEMOUL Gabriel : L'étrange histoire de Peter Schlemihl (dessin, scénario d'après l'œuvre de Adelbert Von Chamisso) (13) 14 000 euros.
Ces 43 bénéficiaires en Bande dessinée se sont partagés 353 500 euros.

Littérature jeunesse

ALBERT Adrien : Simon (album) (49) 7 000 euros.
BRISSOT Camille : L'aventurier et le fantôme (26) 7 000 euros.
CARRE Claude : La Croix du Sud (roman) (89) 7 000 euros.
COUPRIE Catherine : Dictionnaire fou du corps (52) 14 000 euros.
DELAUNAY Jacqueline : Amba, tigre de l'Amour (39) 14 000 euros.
FDIDA Jean-Jacques : Yona et la Belle au Bois dormant (67) 28 000 euros.
FORTIER Nathalie : Le colibri / Plupk (45) 14 000 euros.
GAUTHIER Philippe : Le voyage de Lily Fil (93) 14 000 euros.
GEHIN Elisa : L'ordre des chats (75) 14 000 euros.
GUERAUD Guillaume : Post-mortem (13) 7 000 euros.
HE Yuhong : Mes images de Chine (75) 14 000 euros.

KARALI Olivier : Maison, côté obscur (81) 14 000 euros.
LE GAC Gwen : Douze (93) 7 000 euros.
LE GENDRE Nathalie : Histoire d'anges (44) 7 000 euros.
LE ROY Boris : Utopia, au moindre geste (92) 7 000 euros.
LEVEQUE Jenny : Atlantis (roman) (76) 3 500 euros.
LEYMARIE Marie : Nous aurons besoin l'un de l'autre (21) 7 000 euros.
LIGNERIS Charlotte des : Après la mort ? (album) (44) 7 000 euros.
MEUNIER-COUCHARD Henri : Rébus / Les contes (33) 28 000 euros.
MOREAU Jean-Pierre : Réalisation d'un atlas imaginaire (75) 28 000 euros.
MORNET Pierre : L'anniversaire (75) 7 000 euros.
PERRET Delphine : Premier étage gauche (69) 7 000 euros.
PERRIN Clotilde : La chaussette bleue (67) 7 000 euros.
RAMSTEIN Anne-Margot : Faune et Flore (69) 14 000 euros.
SOUZA Marie-France : Par-dessus la tête (31) 14 000 euros.
TROLLEY DE PREVAUX Marion : Dure-à-cuire (75) 7 000 euros.
TROUFFIER Sophie : A la source des nuages - Moana 3 (44) 3 500 euros.
VERNETTE Véronique : Album sur un quartier d'Abidjan (42) 7 000 euros.

Ces 28 bénéficiaires en Littérature jeunesses se sont partagés 315 000 euros.
L'album sur un quartier d'Abidjan de Véronique VERNETTE sera-t-il plus intéressant que mon témoignage ?

Littératures étrangères

BOKOV Nicolas : De la part du destin (projet de roman en russe) (75) 7 000 euros.
DE FRANCESCO Alessandro : La vision à distance (prose-poésie semi narrative, poèmes et textes visuels) (75) 7 000 euros.
KIRIKKANAT Iclal Mine : Projet de roman policier en langue turque (75) 7 000 euros.
RODRIGUEZ LINAN Miguel : Projet de roman en espagnol (13) 3 500 euros.
SARTORI Giacomo : Projet de roman en italien (75) 14 000 euros.
SEN Urmimala : Projet de roman en anglais (75) 3 500 euros.

Ces 6 bénéficiaires en Littérature étrangères se sont partagés 42 000 euros.

Poésie

BENAZET Luc : Projet sans titre (75) 3 500 euros.
BOUQUET Stéphane : Les amours suivants (75) 14 000 euros.
CHAMBARD Claude : Un nécessaire malentendu, V : Tout dort en paix, sauf l'amour (33) 7 000 euros.
COURTADE Fabienne : Le livre à venir (75) 28 000 euros.
COURTOUX Sylvain : Stilnox et Poète, c'est crevé (87) 7 000 euros.
CREMER Stéphane : Compost / Composta poème traduit en portugais du Brésil (75) 7 000 euros.
DEMANGEOT Cédric : Une inquiétude (09) 14 000 euros.

DIESNER Sébastien : Pamela (Belgique) 7 000 euros.
DOYEN Franck : Littoral (54) 7 000 euros.
DUMOND Frédéric : Attracteurs étrangers (93) 3 500 euros.
FUSTIER Romain : Mal de travers Infini de poche (03) 7 000 euros.
GRIOT Fred : UUuU (75) 7 000 euros.
JOURDAN Michel : Passerelles en brins de raphia vers d'incertains campements (34) 7 000 euros.
KAWALA Anne : Limites (75) 7 000 euros.
LAABI Abdellatif : Recueil de poésie (94) 14 000 euros.
LE CAM Claire : Quand les seins rebondissent et que brame le cerf (93) 3 500 euros.
LE DEZ Mérédith : Couteau de la nuit (22) 3 500 euros.
LEBRUN Guillaume : Sans titre (75) 3 500 euros.
LOIZEAU Sophie : La femme lit écrit (78) 7 000 euros.
MARTINEZ Cyrille : Jeune artiste poète inédit Un homme à la batterie (75) 7 000 euros.
MWANZA MUJILA : Fiston Le fleuve dans le ventre (Autriche) 3 500 euros.
PADELLEC Lydia : Poètes. Anthologie de poésie contemporaine (40 poètes) associée à des poèmes de l'auteure (78) 3 500 euros.
PENNEQUIN Charles : Trou type (59) 14 000 euros.
RANNOU Franck : Rapt (35) 7 000 euros.
ROUSSET Marie-Claude : Conversation avec plis (63) 14 000 euros.
ROUZEAU Valérie : Autoportrait(s) avec ou sans moi (93) 28 000 euros.
STUBBE Gwenaëlle : Mater est filius (75) 14 000 euros.
SUCHERE Éric : Deux projets : Mystérieuse et Time capsule (75) 7 000 euros.
TARDY Nicolas : Paysage avec caméras (13) 7 000 euros.

TSAKANIKAS-ANALIS Demetre : Les hommes, le temps, les lieux (Grèce) 7 000 euros.
VILGRAIN Bénédicte : Une grammaire tibétaine : du chapitre 9 au chapitre 10 (21) 7 000 euros.

Ces 31 bénéficiaires en Poésie se sont partagés 276 500 euros.

Roman

ADAM Philippe : Jours de chance Du Sexe ou pornotypes (75) 14 000 euros.
AGRECH David : China club (95) 3 500 euros.
ALBERT Jean-Max : Les Querpéens, tome 2 (75) 3 500 euros.
ARFEL Tatiana : Aurélien ou quand je n'étais pas là (34) 7 000 euros.
ASTIER Ingrid : Angle mort (75) 3 500 euros.
BEAUNE François : L'entresort, histoires vraies de Méditerranée (69) 14 000 euros.
BELASKRI Yahia Sebdou 1894 (75) 7 000 euros.
BENINCA Lise : Roman autour de trois personnages : un artificier, un non voyant et une femme âgée (75) 7 000 euros.
BENMILOUD Yassir : Si Dieu peut (75) 7 000 euros.
BERGAMINI Alexandre : Autobiographie fantasmée abordant entre autres les thèmes du voyage, de l'amour et de la dépression (01) 14 000 euros.
BLOTTIERE Alain : Roman enchevêtrant les univers de deux adolescents, l'un vivant à Paris en banlieue résidentielle et l'autre au Caire dans une banlieue misérable (75) 14 000 euros.
BON François : Autobiographie des objets (37) 14 000 euros.

BORATAV David : La vie artistique (roman d'apprentissage d'un jeune européen ambitieux) (75) 3 500 euros.
BUISSON Laure : Roman autour de Jeanne de Belleville, fille et épouse de seigneurs bretons du XIVe siècle (75) 7 000 euros.
CALIGARIS Nicole : 1003 (roman formé de récits autonomes nés d'une brève de presse) (75) 7 000 euros.
CHATELIER Patrick : Trois pères (93) 7 000 euros.
CHIARELLO Fanny : Roman présentant un groupe d'amis soudés autour d'une obsession commune : la culture populaire américaine, musicale en particulier (59) 14 000 euros.
CHOLODENKO Marc : Projet portant sur l'imitation, le faire comme si (75) 28 000 euros.
CLERC Agnès : Le gréeur (75) 7 000 euros.
COMMERE Hervé : Roman policier sous la forme d'une longue lettre que le narrateur adresse à sa femme (35) 3 500 euros.
CONDOU Isabelle : Un pays qui n'avait pas de port (33) 7 000 euros.
DA SILVA Didier : Récits du promeneur nocturne (13) 7 000 euros.
DAKPOGAN Habib : Le colonel civil (Benin) 7 000 euros.
DESBETS Alexandre : 1er volume de la trilogie Mama (œuvre d'anticipation cyberpunk) (84) 7 000 euros.
DIVRY Sophie : La condition pavillonnaire (69) 3 500 euros.
DOUIBI Rabéa : Le vent de la discorde (Algerie) 3 500 euros.
EID Nadine : Un silence de terre rouge (récit de voyage à

Madagascar dont le nœud central est un meurtre) (75) 3 500 euros.
FRADIER Catherine : Le stratagème de la lamproie (roman d'espionnage) tome III de la trilogie Cristal Défense (26) 7 000 euros.
GALLOIS Anne : Pauvre petit village riche (75) 7 000 euros.
GAUDY Hélène : Un roman sur l'imposture à partir d'un fait divers : un jeune adulte se faisant passer pour un adolescent disparu (75) 7 000 euros.
GENDRON Sébastien : Révolution (33) 7 000 euros.
GRANDJEAN Julien : La gueule du loup (54) 7 000 euros.
GUEZENGAR Claire : Soins intensifs dandy (75) 7 000 euros.
HENRY Léo : Hildegarde (67) 7 000 euros.
HIRSCH Mikaël : Notre Dame des vents (75) 3 500 euros.
HOMASSEL Anne-Sylvie : Zang (roman mêlant anticipation et fantastique) (94) 7 000 euros.
JAN Guillaume : En morceaux (75) 3 500 euros.
JANNIN Bernard : Vie très intime d'H.P (75) 7 000 euros.
JULLIEN Michel : Roman autour du travail de copiste de Raoulet d'Orléans (75) 7 000 euros.
KHELIL Mourad : Portrait de jeune fille en folle (75) 3 500 euros.
KLOETZER Laurent : Anamnèse de Lady (Suisse) 7 000 euros.
LARNAUDIE Mathieu : Acharnement (roman explorant la question du langage politique) (75) 7 000 euros.
LEFEBVRE Noémi : L'état des sentiments à l'âge adulte (roman évoquant la période contemporaine sous le regard d'un vieillard et de ses deux aides à domicile) (38) 3 500 euros.

LUCAS Claude : Fiction : récit de l'enquête d'un détective autour du mystérieux expéditeur d'une lettre inquiétante (29) 7 000 euros.

MARGUERITE Dominique-Margot : Roman : une vieille femme, son fils et son petit fils un dimanche dans un appartement (46) 3 500 euros.

MARTENS Michel : Le marteau de Dieu (75) 7 000 euros.

MASSERA Jean-Charles : Bon sinon, par rapport aux nanas qu'est ce qu'on fait ? (75) 14 000 euros.

MBAYE BILEOMA Marietou : Cac(a)phonies (Senegal) 7 000 euros.

MEDDI Adlène : 1994 (regard porté par des lycéens transformés en barbouzes sur les violences des années 1990 en Algérie) (Algerie) 7 000 euros.

MINARD Céline : Great smokings mountains (75) 7 000 euros.

NOLLET Estelle : Roman autour d'un gardien de parc en Afrique noire (91) 14 000 euros.

OTTE Jean-Pierre : L'amour, une affaire française (46) 14 000 euros.

PARISIS Jean-Marc : Roman sur l'exil intérieur et physique, le voyage en soi et la traversée géographique de quelques frontières (75) 7 000 euros.

PESSAN Eric : La marée des ancêtres (44) 7 000 euros.

RADFORD Daniel : Le mainate (75) 3 500 euros.

RANDOIN Romain : No present (portrait des années 1990 en France par une galerie de personnages décalés, drôles et tragiques) (69) 3 500 euros.

ROZIER Gilles : Daltonien (75) 7 000 euros.

SABATIE Emmanuel : La neige ne fond pas au soleil (66) 7 000 euros.

SAGALOVITSCH Laurent : Un juif en cavale (92) 7 000 euros.

SALAUN Lionel : Roman se situant en France dans les années 50 et ayant pour cadre une cité populaire (73) 3 500 euros.

SASSI Marie-Bénédicte : La mémoire de la goutte d'eau (75) 3 500 euros.

SEONNET Michel : Roman sur une femme partant au Maroc à la recherche d'anciens soldats goumiers de son père disparu en Indochine avant sa naissance (91) 14 000 euros.

SEVESTRE Alain : Scott (75) 28 000 euros.

SPILMONT Jean-Pierre : Maria (73) 7 000 euros.

TRAN-NHUT Thanh-Van : Roman mêlant histoire, sciences et fantastique, se déroulant au XIXe siècle à Hong Kong (94) 7 000 euros.

ULYSSE Louis-Stéphane : Sorcier blanc (75) 14 000 euros.

VENTURA Avril : Roman : questionnement sur la folie à travers le parcours de Paul, le personnage principal (75) 3 500 euros.

VILAIN Philippe : Roman sur les amours contrariées de Raphaël, universitaire français et de Francesca, étudiante italienne (75) 7 000 euros.

VISCOGLIOSI Fabio : Agents doubles (69) 7 000 euros.

Ces 69 bénéficiaires en Roman se sont partagés 539 000 euros. Finalement, c'est sûrement le bon chiffres de subventionnés. Il faut qu'un chiffre parle !

Théâtre

AZIZI Lazare : Rabah Robert touche ailleurs que là où tu es né (75) 7 000 euros.

CHENEAU Ronan : Nouvelles vagues (75) 7 000 euros.
HADJAJE Jacques : La joyeuse et probable histoire de Superbarrio, que l'on vit s'envoler un soir dans le ciel de Mexico (94) 3 500 euros.
LEMOINE Jean-René : Autoportraits rêvés (75) 14 000 euros.
MADANI Ahmed : Je marche la nuit sur un chemin mauvais (78) 14 000 euros.
MILIN Gildas : Toboggan (93) 7 000 euros.
NOZIERE Anna : La petite (33) 3 500 euros.
PELLET Christophe : Le jour où je serai vivante (75) 14 000 euros.
PIERRE Sabryna : Sauve-qui-peut Sara (69) 3 500 euros.
RICHARD Dominique : Premiers engagements (92) 14 000 euros.

Ces 10 bénéficiaires en Théâtre se sont partagés 87 500 euros.

Cette question de l'argent nécessaire

Seule la question de l'argent indispensable perturbe donc vraiment ma créativité. Vraiment, car il existe "naturellement" d'autres soucis, genre sentimentaux... Je ne suis pas stoïcien au stade où le rêva Sénèque, sans y parvenir lui-même. Puisqu'il paraît que je raconte ma vie ! Mais tout sert et servira.
Tout (ou presque) sera publié.
Même les échanges avec Martin Malvy, Gérard Amigues... Ces gens-là, d'ailleurs, leur avis m'importe si peu que seule l'envie de montrer des élus sous leur plus beau jour (rectification de la phrase initiale) me pousse à continuer les échanges.

Parvenir "rapidement" à 1000 ventes numériques mensuelles m'apparaît crédible, raisonnable. Je sais qu'il s'agit de franchir un tunnel vers ce nouveau modèle économique. J'ai essayé de l'expliquer au CRL, Centre Régional des Lettres, mais ses salariés comme son président se comportent en pantins aux ordres du grand chef... Et pour ce vieil homme de la politique, soutenir les éditions *Privat*, du groupe pharmaceutique Pierre Fabre, semble préférable. Certes, les éditions *Privat* ont publié son livre, sur la décentralisation, recommandé par leur Dépêche (où M. Malvy débuta sa carrière). Lire "*Quand Martin Malvy publie un livre : questions de déontologie.*"

Faute d'aide financière durant la traversée du tunnel, j'ai envisagé de quitter ce département où je me sens bien malgré la pollution politique (*Contrairement à Gérard Depardieu, dois-je quitter la France ? www.utopie.pro).*
Ainsi, pour la première fois, mes pieds ont foulé la terre d'Afrique. Et si mon avion fit escale au Burkina Faso,

c'est en Côte d'Ivoire que se déroula cet événement. Evénement de ma vie, dont les conséquences me semblent encore difficiles à exposer...

Vais-je finir ma vie en France ?

Publié le 13 mars 2013, uniquement en numérique « *Contrairement à Gérard Depardieu, dois-je quitter la France ? Exil littéraire au Burkina Faso pour les écrivains ?* » figure dans la liste de mes plus mauvaises ventes. Indifférence de l'époque pour les difficultés d'un auteur même pas confronté à l'homophobie ni pompier du camion trop large pour les rues de Montcuq. Absent des minorités médiatiques, faite le buzz autrement ! Je suis d'une minorité non médiatisée, écrivain indépendant à la campagne. Il conviendrait d'au moins ajouter transsexuel juif converti à l'islam pour intéresser nos vaillantes plumes…
Près de 60 000 mots pour rien ! Un petit fascicule de combat pas plus épais que du Hessel aurait suffi pour exposer la confiscation par des oligarchies de notre chère exception culturelle ?… J'y puiserai sûrement des "textes courts" : le numérique permet également de multiplier les billets de loterie… certes, il existe le risque de lasser… Il convient donc de s'autoriser de nombreux pseudonymes…

Quelques passages :

J'ai échoué, dans le sens social du terme : malgré l'ancienneté et la constance de ma démarche indépendante, malgré des romans, essais, pièces de théâtre, livres d'art, mes ventes demeurent nettement insuffisantes et je ne suis pas même interrogé sur l'auto-édition par nos journalistes, pas plus par les blogueurs : un écrivain invisible (ou : tous ont des amis ou relations à portée de mail ?).
Exit l'auteur du « *manifeste de l'auto-édition* » et du « *guide de l'auto-édition numérique* » !

J'ai peut-être dérangé trop de monde avec une vision trop militante de l'édition indépendante (www.auto-edition.com).
Même mon assignation au TGI de Paris, par une société du compte d'auteur, qui exigeait le retrait de pages d'informations de mes sites, ne fut pas couverte. Devant cette réalité financière qui m'amène à sérieusement considérer l'exil, il me reste néanmoins la liberté, celle de l'écrit, sans le souci de plaire aux subventionneurs, ces notables qui tiennent une bourse et autres avantages ou récompenses devant le nez des écrivains.

Car il s'agit "simplement" d'une équation sociale : où vivre avec le peu de revenus généré par ma littérature. Aucune intention de cesser d'écrire ou d'offrir ma plume à l'oligarchie !

Même si nos encensés donnent surtout l'impression de courir après les honneurs, historiquement un écrivain se confronte à son époque. Il n'y a plus d'écrivain en France, osent penser certains (peut-être même François Busnel quand il part aux États-Unis interroger « *les derniers fous* », les descendants des Balzac, Hugo…). Ma défaite sociale n'est donc guère surprenante (on n'ignore pas impunément les us et coutumes d'un milieu !), même si l'échec littéraire seul prime dans ce domaine, à long terme. Mais l'échec social peut compromettre ma fin de vie, qui devrait constituer ma meilleure période, logiquement ! Car « il faut bien bouffer » ! Je ne demande d'ailleurs guère plus, acceptant de vivre de très peu, sous le seuil de pauvreté nationale.
La révolution numérique me permet, malgré tout, de déposer ce témoignage. Aux écrivains qui gémissent dans la « voie traditionnelle », déplorent des droits d'auteur

dérisoires, conseillez ce livre, qu'ils comprennent enfin que c'est leur soumission qui permet au système des majors du livre d'asseoir leur pouvoir. J'ai rêvé d'une grande révolte dans « *la grève générale des écrivains* » mais en ce début 2013 mes chers collègues pensent à leur accréditation au salon du livre de Paris, organisé par le SNE, le Syndicat des éditeurs. Tant que les éditeurs parviendront à en tenir 99%, en leur faisant miroiter la possibilité de gagner le gros lot de la médiatisation et des récompenses, les écrivains souffriront… J'ai essayé, en vain, de conceptualiser la réappropriation par les créateurs des revenus nés de leur travail…

Quand le Qatar dépassera les 50% de Lagardère...

Quand le Qatar dépassera les 50% de Lagardère, Grasset et Fayard deviendront des maisons qataries...
Le Qatar se définit comme un « *investisseur avisé* » chez Lagardère, avec des intentions « *amicales* »... selon Arnaud Lagardère. En 2013, il est déjà le premier actionnaire du groupe, à certes "seulement" 12,83%.

« *Dès leur arrivée chez nous, en 2006, les intentions des Qataris ont été amicales et inscrites dans la durée. Ils ont approuvé notre stratégie de recentrage dans les médias et nous ont soutenus dans les moments difficiles (...) Je ne vois aucune intention hostile. Il faut apprendre à les respecter !* » (Arnaud Lagardère, toujours, en juin 2013)

Samedi 22 juin 2013, François Hollande était à Doha... Normal, ne semblent pas avoir remarqué nos chroniqueurs avisés : sa compagne et la ministre de la Culture sont en contrat avec Lagardère. Valérie Trierweiler (présente lors de ce voyage) chez *Paris-Match*, notre Aurélie chez *Stock*. Résumé : « *excellentes relations* » avec un pays « *ami.* »

Remarque à méditer au sujet des douze milliards d'euros (en cinq ans) d'investissements de l'émirat en France, lors de son allocution devant la communauté française à Doha : « *les investissements venant du Qatar en France sont les bienvenus et je ne veux pas les réduire simplement à telle ou telle dimension - immobilier ou le sport. Nous sommes conscients, qu'il y a bien des industries, des services où nous pouvons coopérer, avoir des partenariats.* » L'argent n'a pas de religion... mais la prise de pouvoir pourrait en avoir...
L'art d'occulter que Lagardère possède le mastodonte Hachette... Discrétion préférable...

Le Qatar organisera le Mondial de football en 2022. Et le salon du livre de Paris avant ? Aurélie Filippetti pourra alors y arborer son maillot de David Beckham. La boucle sera bouclée, les écrivains seront un peu comme des footballeurs, certains peut-être même au même salaire... S'ils cumulent signature de livres et ministère ? Qu'en pense Michel Houellebecq ? Il s'auto-éditera également ? Nous graverons "*auto-édition, j'écris ton nom*" sur les arbres de notre pays d'asile ?

Là, je vais trop loin ? Si seulement je n'étais pas le seul à remarquer la présence choquante d'une auteur Lagardère rue de Valois ! Mais « *y'a basta Aurélie Filippetti* » reste invisible... www.pamphletaire.com

Les journalistes ont suffisamment de travail avec les œuvres de leurs amis...

La politique de la Région Midi-Pyrénées

Dans "*Contrairement à Gérard Depardieu, dois-je quitter la France ? (Exil littéraire au Burkina Faso pour les écrivains ?)*" sont détaillées mes relations avec le CRL depuis l'époque Alain Bénéteau jusqu'à l'actuel Michel Perez, président de cette « *association* » financée à 70% par la région (le reste provient de l'état, via la DRAC).

Même s'il ne l'a pas signée, "sa" réponse du 13 février 2013 est suffisamment précise pour en conclure que M. Malvy a orienté la politique du livre depuis son élection à la tête de la région (1998) et qu'il l'assume sans chercher à biaiser avec des notions de "délégations." Ce qui a le mérite de la clarté.

Sans cette réponse, lui imputer cette politique aurait pu susciter des réactions du genre "monsieur Malvy a toujours délégué à l'élu Président du CRL." Il est possible que ces hommes aient pensé qu'après une telle réponse je "retournerais à mes chères études" (chercher un éditeur genre Privat ou Lafont par exemple !) et ni monsieur Michel Perez ni monsieur Hervé Ferrage, son directeur, ne semblent décidés autorisés motivés (ou autre) à entamer un dialogue qui ne mènerait nulle part puisque ces gens-là peuvent se prévaloir de l'expertise de personnes considérées représentatives. Oui, il suffit de réunir des notables qui pensent à peu près la même chose pour prétendre s'être appuyé sur des experts et ainsi marginaliser les gens qui osent ne pas penser comme le chef.

Commissions et consultations, c'est ainsi qu'on noie le poisson, passe discrètement ce que l'on souhaite imposer.

Monsieur Martin Malvy s'est immiscé dans ma vie

(démocratiquement je sais). Il en est devenu le symbole des blocages. Pourtant, il s'agit d'un « homme de gauche », selon la classification actuelle. Durant sa période de ministre du Budget, 1992 - 1993, quand le cumul des mandats suscitait peu de contestations, il assumait même également : conseiller général du Lot, Conseiller régional Midi-Pyrénées, maire de Figeac.

Arrivé en 1996 dans le Lot, j'ai découvert Figeac le 26 avril 1998. Martin Malvy, député-maire local, ancien Ministre du Budget, signait l'édito de la douzième fête du livre. Mon nom ne figurait pas sur le programme, conformément au document qu'il m'avait fallu retourner, accompagné d'un chèque de 80 francs pour obtenir une demi-table.

Nous, les indépendants, étions à l'écart, face à la vraie fête, celle des Yvette Frontenac, Georges Coulonges, Colette Laussac, Michel Palis, Michel Peyramavre (selon le programme, Michel Peyramaure en réalité), Michel Cosemm, Didier Convard, Serge Ernst, Laurent Lolmède, Didier Savard, Andrée-France Baduel, Laurence Binet, Mohamed Grim, Christian Rudel, Amin Zaoui...

L'année suivante, j'ai refusé ce système. Je ne suis donc jamais retourné à ce salon.

Le 5 février 1998, j'ai envoyé de Cahors le document idoine, complété, accompagné du chèque numéro 461996.

12ème fête du livre de Figeac.
25 Avril : 14H30 à 19H
26 Avril : 10h à 12H30
*   14H30 à 18H*

CONDITIONS D'INSCRIPTION DES AUTEURS INDEPENDANTS

- Seuls les auteurs sont acceptés dans la limite des places disponibles, (ni libraires, ni éditeurs).
- Tous les frais inhérents à cette manifestation sont à la charge de l'acteur (transport, restauration, hébergement)
- Toute inscription devra s'accompagner d'un chèque à l'ordre de "Lire à Figeac".
- Une table maximum par auteur :

* Lot : une table : 160Frs, une 1/2 table : 80Frs.
* Autres départements :
une table : 320Frs, une 1/2 table : 160Frs.

- L'auteur aura à charge d'amener ses ouvrages, un emplacement lui sera réservé.
- Le nom de l'auteur n'apparaîtra pas sur le programme.
- Le bénéfice de la vente de ses ouvrages lui reviendra en totalité.
- L'auteur devra se présenter à la Salle Balène, Quai Bessières, 13H30.
(l'ouverture au public se fera à 14H30)

Bulletin à remplir et à renvoyer à "LIRE A FIGEAC"
Boulevard Pasteur
46100 FIGEAC

Je reconnais avoir pris connaissance des conditions d'inscription et m'engage à les respecter.

La phrase « *seuls les auteurs sont acceptés dans la limite des places disponibles, (ni libraires, ni éditeurs)* » témoigne disons d'une imprécision dans la considération de cette activité ; les auteurs indépendants sont éditeurs, juridiquement.

Le 14-4-98 me fut envoyé de Figeac le programme "*Cultures et Droits de l'Homme*", avec un petit mot manuscrit : "*Rendez-vous le samedi 25 Hôtel Balène (Quai*

Bessières) vers 14 h.
A bientôt
DL"

Eh oui, on peut se gargariser des "Droits de l'Homme" et pratiquer l'ostracisme, la ghettoïsation, au quotidien.

Il s'agissait de ma première participation à un salon dans cette partie du Lot.

Ma jeunesse me permit quelques dialogues. Certains du genre « guidons le nouveau, narrons lui les arcanes du métier, qu'il profite lui aussi de l'argent public, des bons repas, des hébergements... »

Nous entrerons dans la carrière quand nos aînés reposeront au cimetière.

Et quelques aveux : « - T'as payé 80 francs mais ce que je vois, c'est qu'à la fin de la journée, tu repartiras avec de l'argent. Tandis que moi j'aurais bien mangé, je dormirai à l'hôtel mais je ne toucherai pas un centime des ventes. Bien sûr, il me reviendra 10% (ou 5 suivant l'interlocuteur) de droits d'auteur dans un an (parfois : si d'ici là mon éditeur ne ferme pas boutique). Et de toute manière, je ne saurai jamais combien ils en vendent réellement, nous n'avons aucun moyen de vérifier les chiffres. »

Je résumais dans un carnet : « Ils sont nourris par les subventions mais un libraire s'engraisse avec leurs ventes. »

Le 16 avril 1998 Martin Malvy avait été élu président du conseil régional de Midi-Pyrénées. (il fut réélu le 2 avril 2004 puis le 26 mars 2010).

Lors de ce salon, je glanais quelques informations sur la politique du livre de la région. Certains attendaient des changements "maintenant qu'on est socialistes..."

Avant le lundi 7 janvier 2013, je n'avais jamais remis les pieds à Figeac. Dans quelques jours je publierai le récit photographique de cette journée. Je doute fortement de pouvoir réaliser le projet "pharaonique" de présenter les 340 communes du département lotois (comme annoncé sur http://www.communes.info et débuté avec Beauregard, Saillac, Montcuq, Cahors, Saint-Cirq-Lapopie, Cajarc).

En juin 2002, dans *Le Webzine Gratuit* (http://www.lewebzinegratuit.com l'une de mes créations dans le but de devenir un média faute d'accès aux plus connus, mensuel délaissé, surtout faute de temps, malgré plus de 80 000 abonnés), en guise d'interview du mois, ce fut : l'attachée de la direction fantôme et les attachées de direction du Président en réunion... Récit de la tentative d'instaurer un dialogue avec monsieur Alain Bénéteau. Un jour, par mail, il a daigné m'accorder une courte réponse, il souhaitait me rencontrer... « *pour débattre de cette question* »... Et m'accorda un « *nous ne pouvons probablement pas rester sur une situation non évolutive.* »

Avril 2011, communiqué de presse du CRL Midi-Pyrénées, par l'intermédiaire de monsieur Hervé Ferrage, son directeur.
Sobrement intitulé : "*LE NUMERIQUE ET LES MÉTIERS DU LIVRE*" ; la création d'un groupe de travail régional sur le livre numérique. Leur objectif : un livre blanc.
Intéressant ? Qui, dans ce groupe de travail ? Des « *professionnels du livre et de la lecture.* »

Deux membres de structures financées par la région Midi-Pyrénées : naturellement Hervé Ferrage, le directeur du CRL, dont l'approche pourrait ressembler à celle de Jean-Paul Lareng, directeur de l'ARDESI Toulouse (Ardesi, Agence Régionale pour le Développement de la Société de l'Information en Midi-Pyrénées, une association Loi 1901, créée et financée par la Région Midi-Pyrénées).

Quatre éditeurs : Patrick Abry, des *Editions Xiao Pan* de Figeac ; Marie-Françoise Dubois-Sacrispeyre, *Editions Erès* à Toulouse ; Philippe Terrancle, *Editions Privat* à Toulouse donc, et on peut classer Joël Faucilhon chez les éditeurs, étant donné qu'il représente *Lekti-ecriture* d'Albi (organisme fédérant soixante-dix éditeurs indépendants, selon leur site internet).

Trois libraires : Benoît Bougerol, président du Syndicat de la Libraire Française et directeur de *La Maison du Livre* de Rodez ; François-Xavier Schmitt, de *L'Autre Rive* à Toulouse ; Christian Thorel d'*Ombres Blanches* également de Toulouse.

Six représentants d'organismes publics au sens large : Michel Fauchié, de la Médiathèque José Cabanis à Toulouse, chargé des technologies numériques ; Marie-Hélène Cambos, des archives départementales de la Haute Garonne ; Frédéric Bost-Naimo, de la Médiathèque de Colomiers, noté "*bibliothécaire du secteur Musique*" ; Karine de Fenoyl, de la Médiathèque Municipale d'Albi, aussi responsable du secteur Musique ; Jean-Noël Soumy, conseiller pour le livre à la DRAC ; Sandrine Malotaux, directrice SCD de l'Institut national polytechnique de Toulouse.

Et un auteur, Xavier Malbreil, qui a donc accepté d'être "notre" représentant face à ces gens qui n'écrivent pas.
Mais que les notables se rassurent, l'auteur n'est pas un de ces indépendants qui essayent de vivre de leur plume contre lobbies et préjugés, il enseigne, serait même critique d'art numérique et enseignant à l'université de

Toulouse II-Le Mirail, auteur d'un livre intitulé *La Face cachée du Net*, publié en 2008 chez *Omniscience*. Cursus léger pour représenter les écrivains face à un tel cénacle mais sûrement suffisant pour le rôle du "bon auteur".

Observer la liste de ces « *professionnels du livre et de la lecture* » permet d'imaginer les grandes lignes du livre blanc, un jour sûrement promulgué "document essentiel", remis à monsieur Malvy et validé comme la nouvelle ligne directrice de la politique de la région en faveur du livre.

Ils peuvent même annuler leurs réunions et se contenter du communiqué de presse, des deux points : « *le numérique est devenu un enjeu central* » et « *les pratiques des lecteurs et leurs évolutions dicteront leur loi.* »
Certes, ils confessaient immédiatement leur apriori en écrivant : « *les libraires indépendants lancent leur portail de la librairie indépendante, 1001libraires.com, et défendent leur rôle indispensable de médiateurs.* »

En mai 2012, il était noté : « *D'ici l'été 2012, le groupe de travail proposera un ensemble de recommandations sous la forme d'un livre blanc du numérique* ». Sans même un avant-goût des magistrales recommandations ! Depuis, rien de visible ! Toujours le même calendrier prévu !

Le Centre Régional des Lettres Midi-Pyrénées, selon sa présentation officielle, se prétend au cœur de la politique du livre en région, « *plate-forme d'échanges, de débats et de partenariats entre acteurs de la chaîne du livre. Qu'il s'agisse de conseil, d'expertise, de financement ou de mise en réseau, le CRL accompagne auteurs, éditeurs, libraires et professionnels des établissements documentaires de la région Midi-Pyrénées dans leurs projets.* »

La page "*missions*" le prétend : « *à l'écoute de leurs préoccupations en un temps où la révolution numérique transforme en profondeur les métiers du livre.* »
Qu'entend le CRL par "*Soutenir la création et la chaîne du livre*" ? La réalisation d'études et l'attribution d'aides "aux acteurs du livre."
Qui sont ces acteurs du livre ?

- *Auteurs : bourses d'écritures versées par le CRL pour favoriser la création littéraire en Midi-Pyrénées.*

- *Editeurs : présence à Vivons Livres ! Salon du livre Midi-Pyrénées, aides aux déplacements hors région (entre autres le Salon du livre de Paris), aides à la fabrication et à la traduction, toutes versées par la Région Midi-Pyrénées.*

- *Libraires : mise en place d'une politique d'aide à la librairie indépendante, financée majoritairement par la Région Midi-Pyrénées, avec le soutien de la DRAC.*

Oui, des librairies sont aidées avec de l'argent public, à l'heure où la numérisation, le changement de modèle économique, devrait être la préoccupation majeure.

Dans les **critères d'attribution des bourses d'écriture 2013** (bourses de 8 000 €, ce qui me permettrait de tenir durant cette période intenable), les auteurs-éditeurs, même professionnels, sont exclus d'une phrase : « *l'auteur doit avoir publié au moins un livre à compte d'éditeur (sous forme imprimée).* »

Certes, ne figure plus dans la rubrique "sont exclus", la phase « *l'auto-édition (éditions à compte d'auteur et éditions à compte d'auteur pratiquées par un éditeur professionnel).* » Oui, le professionnalisme du CRL alla jusqu'à donner cette définition d'une profession libérale !

Encore fin 2011 début 2012, je suis reparti au combat de l'impossible demande de bourse (c'est fatiguant ! mais il le faut, parfois, pour présenter des faits concrets, des réponses). Il arrive un moment où le comportement de ces gens qui se gargarisent de soutenir la culture devient insupportable. Je n'avais aucun espoir qu'une employée du CRL prendrait la décision de lire mes livres pour faire remonter cette honte de ghettoïser un auteur dans une démarche audacieuse d'indépendance... Un mur, que cette responsable du dossier des bourses du CRL... Dans l'optique de publier cet échange, je m'adressais donc à monsieur Malvy.

> **M. Malvy Martin, Président du Conseil Régional**
> CONSEIL REGIONAL MIDI-PYRENEES
> 22, boulevard du Maréchal-Juin
> 31406 Toulouse Cedex 9

Montcuq le 16 janvier 2013

Monsieur Martin Malvy,
Monsieur le Président de la Région Midi-Pyrénées où je vis depuis 1996,
Monsieur le Président d'une communauté de commune du département où j'ai choisi de vivre,

Je pense avoir écrit quelques textes corrects, et faire correctement mon boulot d'écrivain, mériter ainsi un minimum de respect. Romans, essais, pièces de théâtre (certaines traduites en anglais et allemand), textes de chansons. Mes photos intéressent également, un peu.

Pourtant, quand je lis vos modalités d'attribution des bourses du CRL, je me sens insulté. Minable, l'écrivain indépendant qui souhaite vivre en modeste artisan de la plume, sans passer par les grandes fortunes de France, Gallimard, Lagardère, Esménard ou de La Martinière ? Minable, que d'être une profession libérale, auteur-éditeur ?

Vous avez choisi de mener une politique de soutien aux écrivains inféodés à ces groupes et aux libraires, qui vendent les produits de ces industriels de l'édition (« *industrie culturelle* » selon l'expression de madame la ministre Aurélie Filippetti devant le SNE). Est-ce cela être de gauche au vingt-et-unième siècle ? Pouvez-vous prétendre que la plume des bénéficiaires de ces 8200 euros ait produit des œuvres d'un intérêt supérieur à la mienne et qu'ils méritaient plus que moi un soutien ? Nous les indépendants, sommes des minables ? (j'utilise ce "nous" ès auteur du « *manifeste de l'auto-édition* »)

Vous n'avez pas l'impression que la petite phrase d'exclusion des écrivains professionnels, en profession libérale auteur-éditeur, témoigne d'une politique soumise aux oligarchies, à cette appropriation de la culture par des industriels ? (Emmanuel Todd semble rejoindre mes vieilles analyses, quand il écrit « *la vérité de cette période n'est pas que l'État est impuissant, mais qu'il est au service de l'oligarchie* »)

Vous ne mesurez pas les conséquences sociales et humaines d'une telle politique ?

Depuis plus d'une décennie, j'essaye de demander une approche respectueuse des écrivains indépendants. Votre ami monsieur Alain Bénéteau, m'accorda en son temps de président du CRL, une formule que vous trouverez peut-être également jolie « *nous ne pouvons probablement pas rester sur une situation non évolutive.* » En dix ans, seul le vocabulaire de rejet des indépendants fut modifié [dans votre "*Sont exclus :*" figura la phrase "- *l'auto-édition (éditions à compte d'auteur et éditions à compte d'auteur pratiquées par un éditeur professionnel)*"] J'ai également en vain interpellé monsieur Gérard Amigues, représentant lotois au CRL.

Depuis plus d'une décennie, je vis de peu, le plus souvent sous le seuil de pauvreté. 2013 est financièrement intenable. Ce soutien du CRL représentait mon unique espoir de tenir. Quitter la France devient donc financièrement impératif. Vous vous en réjouirez peut-être. Puisque vous n'avez jamais daigné répondre directement à mes critiques. Mais il fut un temps où notre pays représentait une terre d'espoir et pour continuer d'écrire, vivre de mes ventes, je ne vois d'autre solution que l'exil, en Afrique.

Le "système des installés" a donc gagné : un écrivain qui ne se soumet pas aux oligarchies doit abandonner. C'est peut-être cette petite phrase sur les écrivains indépendants que retiendront de votre passage sur terre les générations futures. Etre écrivain et vivre à la campagne, modestement, représentait un choix de vie (à 23 ans j'étais cadre dans une grande entreprise, bien que je sois né dans un milieu agricole, sans relations). Ecrivain et campagne, deux voies inacceptables ? Exemple pour la campagne, Alsatis, qui nous fut présenté, imposé, offert (les qualificatifs divergent), ce "haut débit" de campagne, ainsi noté sur un contrat spécifiant un débit maximum montant à 128 kbps.

Je n'étais pas retourné à Figeac depuis le 27 avril 1998, votre fête du livre où il m'avait fallu payer 80 francs pour obtenir un "strapontin". J'en ai fait une pièce de théâtre qui je l'espère nous survivra. Lundi 7 janvier 2013, j'ai photographié cette ville. Ce sera, symboliquement, sûrement une de mes dernières publications avant l'exil.

Je n'ai jamais participé (14 livres en papier publiés, une cinquantaine d'ebooks) au "*Salon du livre de Toulouse Midi-Pyrénées*" organisé par le CRL. « *Votre qualité d'auteur-éditeur ne nous permet pas de vous intégrer à ce Salon, qui est limité aux éditeurs professionnels de Midi-Pyrénées* » me répondait sa directrice en 1998, Laurence Simon. L'exclusion fut totale. J'ignore si d'autres professions ont eu autant à souffrir de la politique régionale durant vos mandats mais vous ne nous avez rien épargné.

Oui, monsieur Malvy Martin, j'ai essayé une autre voie, car j'ai refusé un système qui confisque 90% des revenus des livres. Ces librairies que votre politique a soutenu, savez-vous qu'elles ont accepté la gestion mise en place par des distributeurs créés par "nos grands éditeurs" (naturellement, vous n'avez "sûrement" pas lu "*écrivains réveillez-vous !*")

En agitant devant le nez des écrivains qui acceptent ce système inique (n'entendez-vous jamais les protestations d'écrivains qui acceptent ce chemin mais ne parviennent pas à en vivre, même à être certains des chiffres de vente ?) des bourses de 8000 euros (chiffre 2013), vous participez à la pérennité de ce système. Sommes-nous des ânes, monsieur Martin Malvy, pour que l'on nous (les écrivains) promène ainsi ?
Le livre numérique est une chance pour les écrivains. Mais ai-je été invité à participer au groupe de travail régional interprofessionnel sur le livre numérique "*LE NUMERIQUE ET LES MÉTIERS DU LIVRE*" ? La composition de ce groupe est significative des résultats qui

souhaitaient être obtenus. Le livre numérique, oui, à condition qu'il soit contrôlé par les "éditeurs traditionnels" et permettent aux libraires de continuer à vivre de ce commerce ?

Naturellement, je suis écrivain et comme Stendhal le plaçait dans la postérité, je vais lancer un dernier billet de loterie dans le monde numérique, en racontant, tout simplement, cette lutte pour vivre debout, cet échec face à votre politique (ce "votre" englobe naturellement vos collègues mais je suis arrivé dans le Lot en 1996, deux ans avant votre élection à la tête du Conseil Régional donc nous aurez marqué ma période lotoise, il est donc normal que votre présidence soit abordée).

Même si, contrairement à madame Danielle Mitterrand et de nombreux membres du PS, je n'ai jamais eu de sympathie pour Fidel Castro, en ce début d'année, j'éprouve pour monsieur Gérard Depardieu une grande tendresse. Comme lui, je suis un être libre, Monsieur, et je sais rester poli.

Veuillez agréer, monsieur le Président de Région, mes très respectueuses considérations.

Stéphane Ternoise
http://www.ecrivain.pro
http://www.romancier.net
http://www.dramaturge.net
http://www.essayiste.net

Allusion à un recommandé du conseil du Conseil Régional...

Dans cette « lettre recommandée à monsieur Martin Malvy », a-t-il compris le « *puisque vous n'avez jamais daigné répondre directement à mes critiques* » comme une allusion au recommandé de mars 2010 envoyé par le conseil du Conseil Régional ?

Naturellement, il n'y a peut-être aucun lien entre les deux « affaires » mais en mars 2010, l'avocat du Conseil Régional m'envoya une lettre recommandée pour m'interdire d'afficher le logo du conseil régional sur conseil-regional.info, portail essayant d'observer les politiques régionales... Interdiction au nom de la contrefaçon alors qu'une recherche dans google.fr versant images de « logo région midi pyrénées » génère le 6 janvier 2013 plusieurs pages de réponses, alors qu'aucune des autres régions n'a mandaté d'avocat ni même envoyé de message pour s'opposer à la reproduction de leur logo.

Peut-être qu'aucun lien n'existe entre mes critiques de la politique de monsieur Martin Malvy et ce recommandé !
Je me demande néanmoins s'il ne s'agit pas d'une manière de me rappeler qu'on ne conteste pas sans conséquence un président de région de la qualité de l'ancien maire de Figeac.

Des pressions sur les écrits d'un auteur indépendant

Le premier qui dit la vérité... Certes, il ne s'agit pas de prétendre que tout écrit doit être accepté. Mais il s'agit de pouvoir analyser la politique (et les propositions commerciales) sans subir des pressions, qui naturellement dans mon cas ne vont pas m'amener à glorifier, par exemple, un président de Conseil Régional dont je conteste la politique, ou une prestation.

Les 14 et 21 mars 2010 se sont déroulées les élections régionales. J'ai essayé, en vain, dans la région, d'alerter sur la politique du CRL.
L'histoire récente retient qu'il fut confortablement réélu,

monsieur Malvy. L'Histoire retiendra-t-elle que le 17 février 2010 fut écrit à Toulouse, par un avocat d'une société civile professionnelle d'avocat, un courrier destiné, en lettre recommandée, à Stéphane Ternoise ? Je ne l'ai réceptionnée à la poste de Montcuq que le 16 mars 2010.

Monsieur,

Je vous écris en ma qualité de Conseil de la Région Midi-Pyrénées.

Ma cliente m'a fait part des conditions dans lesquelles vous exploitez un site internet à l'adresse "conseil-regional.info" dans lequel vous utilisez sans son accord la marque et le logo de la Région Midi-Pyrénées.

Cette utilisation sans l'accord de ma cliente de sa marque protégée est constitutive d'un acte de contrefaçon au sens notamment des articles L.713-2 et L.713-3 du Code de la propriété intellectuelle ; les sanctions pénales étant précisées par les articles L.716-9 à L.716-14 du même Code.

Je vous mets par conséquent officiellement en demeure de cesser immédiatement d'utiliser cette marque et de la retirer dès réception de la présente de votre site internet.

Je vous précise qu'à défaut de réaction par retour, j'ai reçu instruction d'engager toute procédure visant à la sauvegarde des droits de ma cliente.

(...)

Il me priait de croire en ses sentiments distingués.

Le site http://www.conseil-regional.info contenait le logo de chacune des régions françaises.
J'ai remplacé celui de ma région par un carré blanc

entouré de noir, avec noté en rouge "Midi-Pyrénées" et en noir "Logo Interdit". Et une explication. Si le logo est effectivement la propriété de la région, l'interdiction du nom de *"la marque"* pouvait sembler signifier l'interdiction d'utiliser le nom *"région Midi-Pyrénées."* Mais alors, comment nommer cette région ?

La région et l'avocat ont semblé "satisfaits" : aucune poursuite ! Mais je ne suis pas parvenu à populariser cette attitude...

Exigence de retrait pour "contrefaçon"... sachant que désormais les voitures de la région peuvent posséder sur leur plaque minéralogique ce logo, sachant que ce logo se trouve sur de nombreux sites (dont wikipedia...), cet avocat aurait dû, en toute logique, œuvrer à sa disparition, toujours abondamment repris trois ans plus tard ! Etais-je donc directement visé ? Est-ce plutôt mes informations qui dérangeaient ? Mais naturellement, il est peut-être difficile pour une région dirigée par un ancien journaliste (qui plus est dans ce très grand quotidien régional qu'est la *dépêche du midi*) de demander à un avocat d'attaquer des articles argumentés et non diffamatoires. Car naturellement, les faits sont suffisamment éloquents pour que leur simple énumération puisse embêter ! Malheureusement, il semble que notre époque aurait peut-être regardé mes écrits s'ils avaient contenu de la diffamation mais une information dans ce domaine de l'édition ne semble pas vraiment intéresser. Trop complexe ? Trop de situations acquises en jeu ?

Parfois l'envie me vient de ressortir du Coluche, comme dans *"les discours en disent long"* où il balançait « *si la*

Gestapo avait les moyens de vous faire parler, les politiciens d'aujourd'hui ont les moyens de vous faire taire » mais je me retiens car nous sommes au vingt-et-unième siècle et les femmes et les hommes politiques de ce pays sont très attachés à la liberté d'expression.

La réponse "de" monsieur Malvy

Joël Neyen
Directeur Général des Services

Toulouse, le 11 FEV. 2013 (en dessous, du blanco masque le cachet de la date à l'envers)

Objet : VOTRE COURRIER DU 16 JANVIER

Monsieur,

Votre courrier visé en objet, et relatif à l'analyse que vous faites des différentes modalités de soutien à l'écriture et à l'édition en région, a retenu toute l'attention de Monsieur Martin Malvy, Président du Conseil Régional de Midi-Pyrénées.

À sa demande, je vous apporte les précisions suivantes. Dans le contexte fragilisé de la filière du livre et de la lecture, sur laquelle pèse plus que jamais les impondérables liés aux mutations induites par les nouvelles technologies et notamment, la perspective de l'émergence du livre numérique, la Région a choisi de concentrer son intervention en faveur des opérateurs les plus exposés, petites structures d'édition et librairies notamment, afin de conforter les conditions de leur activité en Midi-Pyrénées [remarque Ternoise : finalement, quel beau paragraphe, qui expose le conservatisme, la mise au service des installés de la puissance des services publics de la région, contre la possibilité d'une transformation ; pas un mot sur les écrivains : « petites structures d'édition et librairies »]

Cette décision est le fruit d'une concertation élargie entre les opérateurs professionnels concernés, le Ministère de la culture, le Centre Régional des Lettres et la Région, et prend en compte tant la viabilité économique de la filière que la qualité de sa production. [remarque Ternoise : il suffit de réunir des gens qui ont les mêmes intérêts, d'ignorer les autres, pour prétendre s'être concerté. Quant à la viabilité économique et la qualité de la production, je pense avoir exposé de manière éloquente pourquoi je me retrouve en situation de "faillite" sans que la qualité puisse être démontrée inférieure à celle des auteurs aidés.]

Dans ce contexte, des choix doivent être opérés entre les multiples demandes qui sont présentées à la Région, qui bénéficie pour cela de l'assistance d'un comité d'experts professionnels. Plus d'une centaine d'ouvrages sont ainsi soutenus chaque année. [remarque Ternoise : "un comité d'experts professionnels", sans écrivain indépendant, naturellement. De quels pouvoirs magiques sont dotés ces experts pour me juger sans m'avoir lu ?]

La publication à compte d'auteur est exclue, pour sa part, de ce système, car elle revient à la commande directe d'un auteur à l'éditeur, ce qui élude l'engagement personnel de l'éditeur en faveur du projet. Seules sont donc recevables les publications à compte d'éditeur. [remarque Ternoise : il semble donc que l'existence de la profession libérale auteur-éditeur soit niée, elle ne peut quand même pas être assimilée à du compte d'auteur par des hommes aussi compétents.]

Dans la mesure du possible, la plus grande promotion est

faite aux auteurs et éditeurs dans le cadre du Salon du livre "Vivons livres", organisé chaque année au mois de novembre. [remarque Ternoise : "vivons livres", mais surtout pas libres ! Un écrivain doit se soumettre à la filière...]

Enfin, des bourses d'écritures sont attribuées, chaque année, pour valoriser le travail des auteurs de la région et contribuer à la promotion des œuvres littéraires. [remarque Ternoise : la lettre portait bien sur ce sujet. Mais l'absence de réponse pour les travailleurs indépendants est flagrante !]

Ainsi que vous le voyez, différents protocoles d'intervention sont à l'œuvre, en faveur de la filière du livre, qui bénéficient, au premier chef, aux structures les plus fragiles. [remarque Ternoise : faux monsieur, les structures les plus fragiles sont les travailleurs indépendants et vos protocoles d'intervention sont des protocoles d'exclusions à leur égard. Quant à l'éditeur Privat, propriété de la grande fortune Pierre Fabre, le classer parmi les structures fragiles relève du sophisme.]

Je vous prie de croire, Monsieur, à l'assurance de mes sentiments distingués. [remarque Ternoise : j'en doute !]

Signature
Joël NEYEN

[remarque Ternoise : chacun, en relisant ma lettre du 16 janvier et cette réponse peut conclure sur le degré de pertinence de l'argumentaire. Il me passe en tête une phrase sûrement sans rapport : « *Vous venez avec vos questions, je viens avec mes réponses...* » et j'entends la voix de Georges Marchais...]

Seconde lettre

M. Malvy Martin, Président du Conseil Régional
CONSEIL REGIONAL MIDI-PYRENEES
22, boulevard du Maréchal-Juin
31406 Toulouse Cedex 9

Montcuq le 24 février 2013

Vos Réf : ----/AR/--- - --------
Monsieur le Président de la Région Midi-Pyrénées,

Vous avez considéré M. Joël NEYEN, directeur Général des Services, comme le plus apte à répondre à mon courrier du 16 janvier 2013. Il précise bien qu'il s'agit d'une réponse suite à votre demande. Je me permets donc de considérer que les réponses vous engagent. Peut-être êtes-vous mal conseillé, victime des notes d'un puissant lobby. Je sais bien que nul ne peut connaître l'ensemble des activités d'une société.

Donc, M. Martin Malvy, à l'approche du quinzième anniversaire de votre entrée à la présidence de notre région, le jour de vos 77 ans, vous ignorez toujours qu'il existe une profession libérale auteur-éditeur, ainsi déclarée à l'urssaf (N°SIREN ---------) et au service des impôts (déclaration contrôlée, BNC, avec même un numéro de TVA Intracommunautaire FR42---------).

Vous répondez pour justifier vos financements "*en faveur des opérateurs les plus exposés*" mais il est apocryphe de prétendre que vous intervenez pour soutenir les "*petites structures d'édition.*" (l'auteur-éditeur étant la structure de base de l'édition indépendante)
Vous répondez pour justifier votre exclusion des aides de la publication à compte d'auteur. Ce qui n'est pas le sujet !

Qui plus est, vous devriez connaître ma position sur le sujet (affaire au TGI de Paris quand une société pratiquant le compte d'auteur m'y a assigné pour essayer de faire disparaître de mes sites mes analyses). Quant à "votre" salon du livre, il se caractérise par l'exclusion des auteurs indépendants.

Mais pas un mot sur la profession que j'exerce, auteur-éditeur, en travailleur indépendant, profession libérale, qui constituait pourtant le cœur de mon questionnement dans ma lettre du 16 janvier 2013.

Pas un mot non plus sur les conditions de travail consécutives à l'absence de connexion Internet à une vitesse correcte dans les campagnes de la région (en un mot : alsatis).

Vous avez tort, monsieur Martin Malvy, de vous placer du côté des installés contre les écrivains indépendants. L'auto-édition est une vraie profession. J'en suis même l'un des symboles au niveau national, auteur du "*manifeste de l'auto-édition.*" Madame Aurélie Filippetti, ès ministre de la Culture, écrivait d'ailleurs récemment « *l'auto-édition est riche de promesses.* » Mon combat pour sa reconnaissance passe donc par la dénonciation de votre position, de votre politique (j'ai bien noté l'absence de réponse du président du CRL, M. Michel Perez).

J'aimerais donc une vraie réponse, où vous n'assimileriez pas l'auto-édition (terme usuel pour la profession libérale auteur-éditeur) au compte d'auteur (défini par l'article L132-2 du CPI et régi par la convention, les usages et les dispositions des articles 1787 et suivants du code civil).
Je ne vois pas d'autre résumé à votre réponse que de considérer que vous avez assimilé une profession libérale indépendante à la pratique du compte d'auteur, activité sur

laquelle nous semblons d'accord pour conclure qu'elle ne peut pas mener à une professionnalisation mais dont la définition semble erronée chez vous.

Veuillez agréer, monsieur le Président de Région, mes très respectueuses considérations.

Stéphane Ternoise - http://www.ecrivain.pro

Cette lettre fut réceptionnée le 28 février 2013 par le secrétariat général Région Midi-Pyrénées.
M. Malvy Martin est bien né le 24 février 1936. Comme moi, il n'est pas né dans le Lot. Lui, à Paris.

Aucune réponse au 15 août 2013. Mais monsieur Malvy (ou un de ses collaborateurs) sait utiliser twitter : il a bloqué @ternoise qui ne peut plus « répondre à ses tweets »… un peu puéril… possédant de nombreux comptes je continue à intervenir. Je l'énerve ? L'insoumission est une valeur de gauche ?

La politique du département lotois

J'ai contacté, début 2012, Monsieur le 6ème vice-président, Monsieur Gérard Amigues, « Vous êtes chargé de la culture, du patrimoine et des usages informatiques, et qui plus est avez participé au livre *Archives de pierre les églises du Moyen âge dans le Lot*. Vous connaissez donc parfaitement le sujet sur lequel je me permets de vous questionner.

Ce livre *Archives de pierre les églises du Moyen âge dans le Lot*, qui semble intéressant dans sa présentation officielle, est spécifié "*fruit des six années d'inventaire et études scientifiques de l'architecture médiévale du département, menés depuis 2005 par le Conseil général du Lot et la Région Midi-Pyrénées dans le cadre de l'Inventaire général du patrimoine culturel, avec la collaboration de l'Université Toulouse-Le Mirail.*"

Ce livre est spécifié "*coécrit sous la direction de Nicolas Bru, conservateur des Antiquités et Objets d'Art, par Gilles Séraphin, architecte du Patrimoine, Maurice Scellès, conservateur en chef du Patrimoine, Virginie Czerniak, maître de conférences en histoire de l'art, Sylvie Decottignies, ingénieur d'études, et Gérard Amigues, vice-président du Conseil général.*"
J'ai aussi lu la page 25 de "Contact Lotois", entièrement dédiée à sa publicité.

Et pourtant, je n'en ai trouvé aucune version numérique gratuite.

Toute recherche payée avec l'argent public devrait

désormais conduire à une publication gratuite en ebook. C'est la position défendue dans plusieurs de mes e-books. La considérez-vous scandaleuse ?

Gilles Séraphin, Virginie Czerniak, Sylvie Decottignies, semblent donc avoir été payés par leur employeur pour travailler sur cet ouvrage. Il est possible que vous considériez que votre participation ne participe pas de vos fonctions d'élu. Donc est-ce votre contribution qui empêche la mise à disposition gratuite de cet ouvrage collectif ?

Il me semble "surprenant" mais surtout anachronique, que le département offre aux éditions Silvana Editoriale (plus un imprimeur lotois ?) et aux libraires, la possibilité de se partager la majeure partie des 39 euros de cet ouvrage. Pas vous ?»

Sa réponse eut le grand mérite de la clarté : la « *publication a été confiée à un éditeur spécialisé, sous la forme d'un pré-achat lui assurant la viabilité économique du projet. Les auteurs ont été rémunérés dans le cadre de leurs fonctions générales pour les institutions qui les emploient, et non spécifiquement pour la rédaction de l'ouvrage : ils ont concédé leurs droits d'auteurs payants, ce qui a permis de baisser le prix de vente unitaire au profit de l'acheteur.* » Oui, monsieur Gérard Amigues a bien noté au profit de l'acheteur, et non de l'éditeur, et non des libraires. 39 euros, aucun droit d'auteur à payer, un pré-achat par le Conseil Général du Lot ! Un éditeur bien engraissé ! Et des libraires qui toucheront une rondelette somme ! J'ai naturellement essayé de continuer ce dialogue postal en lui signalant, le 20 juillet 2012, qu'il est infondé de prétendre « *sans garantie de pérennité dans le temps au regard d'évolutions technologiques permanentes pouvant rendre de tels supports rapidement obsolètes »* au sujet des ebooks. La première partie de sa phrase contenant aussi un élément contestable « *il n'a pas été envisagé de développer de version ebook de l'ouvrage, dans la mesure où cela aurait engendré un coût de développement plus important pour les deux collectivité partenaires* », je lui ai donc appris qu'il suffit de quelques heures (pour la gestion des tables) pour transformer un document word ou works en ebook, à comparer aux "*six années d'inventaire et études.*" Malheureusement, il semble que le dialogue soit interrompu !

Profitant de la relecture de la Saint Casimir, me sentant en verve après la bafouille à monsieur Perez, j'ai pensé qu'une pathétique longue lettre en recommandé susciterait peut-être une risible réponse ! Oui, je doute que monsieur Amigues prenne son bâton de justicier pour transformer la politique du CRL. Go ! Je pense inévitable les redites avec d'autres lettres ! Vive le copier coller... l'essentiel étant de les titiller au point qu'ils concèdent des réponses dont l'histoire (après les lectrices et lecteurs de mes livres) se chargera du jugement.

Monsieur Gérard AMIGUES
6ème vice-président,
Conseil général du Lot
Avenue de l'Europe - Regourd
BP 291
46005 Cahors cedex 9

Montcuq le 4 mars 2013

Monsieur le 6ème vice-président,

D'après les informations collectées, il semblerait qu'au sein du CRL Midi-Pyrénées, où vous siégez, nul ne connaisse vraiment l'existence d'une profession libérale auteur-éditeur, ainsi déclarée à l'urssaf (N°SIREN --------) et au service des impôts (déclaration contrôlée, BNC, avec même un numéro de TVA Intracommunautaire FR42--------- dans mon cas). L'édition, ce serait soit du compte d'éditeur soit le compte d'auteur. L'indépendance n'existe pas (ou doit être assimilée au compte d'auteur ?).

Connaître vraiment serait respecter. Non ?
L'auto-édition (autre appellation pour l'administratif auteur-éditeur) est une vraie profession. J'en suis même l'un des symboles au niveau national, auteur du "*manifeste de l'auto-édition.*" Madame Aurélie Filippetti, ès ministre de la Culture, écrivait d'ailleurs récemment « *l'auto-édition est riche de promesses.* » Mon combat pour sa reconnaissance passe donc par la dénonciation de votre position, de votre politique.

Vivant depuis 1996 dans le Lot, vous auriez pu devenir, Monsieur Amigues, un interlocuteur privilégié de mon activité artistique. Les portes de l'Adda me furent fermées d'une manière peu élégante. Aucune manifestation d'envergure ne sembla intéressée par ma présence. Vous préférez financer d'autres domaines, de la librairie aux éditeurs en passant par le passé.
14 livres en papier, une soixantaine d'ebooks, 12 pièces de théâtre, 3 albums d'auteur (interprétés par une vingtaine

d'artistes), quelques centaines de photos publiées et pourtant des revenus très faibles.

Mon indépendance a semblé vous déplaire ! Le Lot, terre des clans, n'aime pas les indépendants ?
Je vais donc quitter le Lot, quitter la France.

Mes revenus littéraires me permettent d'envisager des conditions de vie décentes uniquement dans un pays d'Afrique francophone.

Depuis des années, je tiens en vivant de peu, sous le seuil de pauvreté, en travailleur indépendant, une modeste profession libérale. Je paye mes charges Urssaf, rsi... et il arrive un moment où il devient impossible de vivre avec encore moins.

Vous siégez au CRL, vous êtes donc également responsable de l'exclusion des écrivains indépendants des bourses d'auteur. Oui, avec 8000 euros je passais ce tunnel. Mais mon dossier n'est pas recevable : je suis un travailleur indépendant, une profession libérale. Pour avoir lu quelques confrères qui ont bénéficié de ces aides, je peux pourtant vous assurer que mes écrits ne sont pas forcément inférieurs ! Naturellement, je poserai publiquement et politiquement la question de la constitutionnalité d'une telle discrimination. D'ici ou d'ailleurs.

Pensez-vous, Monsieur Amigues, comme Emmanuel Todd, qui le résuma d'une phrase médiatisée « *la vérité de cette période n'est pas que l'État est impuissant, mais qu'il est au service de l'oligarchie* » ? (www.oligarchie.fr approuve naturellement !)

Les plus riches quittent la France car ils ne se considèrent redevable de rien et les plus pauvres ne peuvent plus vivre dans ce pays où l'argent de la culture est siphonné par des installés et des structures. L'échec moral de la gauche se situe également dans ce constat.

Je continuerai donc d'écrire ailleurs (sauf naturellement si mes dernières publications, que je lance ces jours-ci dans une perspective stendhalienne de loterie, principalement l'essai racontant mes difficultés, et mon sixième roman, me permettent de rester ! c'est le côté merveilleux de l'aventure, presque tout reste possible jusqu'au mot fin, même si un tel happy end semble improbable), j'abandonnerai ainsi le projet de présenter les 340 communes du Lot en photos (je vais naturellement publier de manière symbolique, avec explications, Figeac et Limogne ; non il ne s'agit pas d'une demande de préface ; je m'en chargerai !)

La révolution numérique viendra également dans l'édition, Monsieur Amigues. Vous préférez écouter et soutenir les doléances des installés mais heureusement Amazon, Kobo, Itunes, Barnes & Noble et même Google parviendront à déchirer ce cordon de subventions et préjugés qui fige la création en France. Non, monsieur Amigues, la création ce n'est pas de l'animation sponsorisée par la *dépêche du midi !* Nous ne sommes pas au service des municipalités, départements, régions, notre perspective est historique.

L'Histoire jugera sévèrement celles et ceux qui ont servi les intérêts des installés au détriment de la Culture. Il en fut toujours ainsi mais la grande différence, c'est l'accélération : ils étaient morts depuis bien longtemps, les politiques, quand l'opinion publique s'apercevait enfin de leurs erreurs. Si vous aviez lu mes écrits depuis l'an 2000, vous sauriez qu'ils contenaient déjà ces analyses, dont le résumé rapide ne doit pas vous permettre de les écarter d'un sourire.

Mon problème est de tenir jusqu'en 2015. Il n'y a pas de place dans ce département pour un écrivain indépendant, OK, j'en prends note, monsieur le vice-président chargé de la culture. Il était donc normal que je vous écrive cette lettre. Avec la prétention de penser qu'elle restera.

Veuillez agréer, monsieur le 6ème vice-président, mes respectueuses salutations.

P.S. : j'ai bien noté votre absence de réponse à ma lettre du 20 juillet 2012.

Erreur politique de l'UMP, également en septembre 2013...

Selon l'AFP du 18 septembre 2013 « *Le groupe UMP a dénoncé dans un communiqué "la frilosité" et "l'hypocrisie des députés socialistes sur l'avenir des acteurs du livre".*

"La gratuité des frais de port, que ces opérateurs combinent systématiquement à la remise de 5% autorisée, conduit à déstabiliser l'ensemble du secteur dans notre pays", soulignent les députés UMP. »

Les municipales arrivent et l'UMP souhaite montrer son engagement auprès des lobbies locaux ! Mais en soutenant les libraires contre les lectrices, contre les lecteurs, contre les écrivains, l'UMP se place (naturellement ?) du mauvais côté, avec le PS !

Les libraires sont des mauvais commerçants du livre et les lectrices et lecteurs dans leur immense (pas encore ?) majorité ont fait le choix de ne plus entrer dans une librairie traditionnelle, d'acheter sur Internet, sur Amazon donc, mais également les sites de mise en contact pour ventes d'occasions, qui sont le meilleur moyen d'acquérir des bouquins à un tarif décent, en plus avec la satisfaction, quand il s'agit d'un éditeur industriel, qu'aucun centime ne lui reviendra, tout comme à l'auteur dans cette voie.

Est-ce que les libraires remboursent les frais de déplacement pour se rendre dans leurs boutiques ? Et y revenir car naturellement il est rare que le livre souhaité soit en stock.

Amazon est sûrement l'un des plus gros clients de la Poste. Hé oui, en visant Amazon, l'état se tire une balle dans le pied de la Poste !

Amazoniens ?

Ne sommes-nous pas
Nous-mêmes
Indiens des plus rares

Si vous saisissiez "Ne sommes-nous pas Nous-mêmes Indiens des plus rares" début juillet 2013, google-je-classe-je-fiche-tout, répertoriait deux sites avec cette expression. Gérard Manset semble veiller à la non reproduction de ses textes ! Ou l'album "*Revivre*" de 1991 ne constitue pas une cible particulière des copieurs colleurs pilleurs de paroles.

Comment, vous avez osé puiser ce vers dans une chanson !

Parfaitement ! Dans "*Tristes tropiques*", titre que mon glorieux aîné (ils sont rares à la sacem !) était également allé dénicher ailleurs, chez Claude Lévi-Strauss, l'ethnologue qui m'avait ému en déclarant « *je m'apprête à quitter un monde que je n'aime pas...* », peu avant ses cents ans.

Le premier couplet contenait un vers avec lequel j'ai hésité pour un livre sur la campagne lotoise en voie de destruction.

« *Ne sommes-nous pas / Nous-mêmes / Peuples opprimés ?* »

Ne sommes-nous pas tous des amazoniens ?

Depuis la renommée mondiale de la société de Seattle, le terme peut prêter à confusion. Pourtant, pour un écrivain vraiment indépendant de la campagne lotoise les deux idées se complètent... Un écrivain en France, soit accepte le rôle de subalterne dans la chaîne du livre (parfois récompensé d'un prix Goncourt, de médailles, bourses, résidences, bons repas...) ou considère Amazon, Apple,

Kobo comme des chances historiques. Face à ces amazoniens, Aurélie Filippetti veille aux intérêts de son éditeur, donc des installés.

Lotoises, lotois, écrivaines, écrivains, comme les indiens d'Amazonie, nous devons résister. Mais aucun espoir à placer chez nos politiques au logo gauche, plus ou moins fluorescent. Un citoyen lotois voit l'eau municipale passer à la Saur, le conseil général et le conseil régional travailler main dans la main pour transformer nos campagnes en parcs à touristes, de résidences secondaires et gîtes ruraux mais sans connexion Internet correcte afin d'éviter l'arrivée de travailleurs indépendants qui pourraient ne plus suivre les consignes de vote de leur *Dépêche du Midi*... (opinion scandaleuse mais elle ne risque pas de m'exclure des pages du seul quotidien disponible) Rejoignez la lutte http://www.amazoniens.com et méfiez-vous du kitch touristique.

Révolution... versant traductions

Il existe naturellement google translate... au résultat "plutôt déplorable". Certes suffisant pour comprendre des contrats en anglais, langue dans laquelle me restent de vagues notions du scolaire.

Etre traduit figurait au rayon "rêve inaccessible" des écrivains indépendants : la traduction fonctionne sur le principe de la commande par un éditeur ayant obtenu ces droits, avec versement d'un à-valoir, le plus souvent réglé en deux temps, à la signature puis à la remise du travail. Les droits d'auteur semblent s'être stabilisés à 1% ; ainsi, sauf très fortes ventes, la traductrice (métier principalement féminin) ne touchera rien après son pécule "négocié". Métier financièrement difficile, à courir après les contrats...

Je n'ai pas les moyens d'assurer une commande, ni la capacité de promouvoir une traduction au-delà de sa simple édition et mise en vente sur Amazon, itunes, Kobo...

Les traductions sont toujours gérées par des éditeurs locaux, avec pouvoir médiatique et accès au circuit de distribution papier. Lagardère est le seul éditeur français également propriétaire de grandes maisons à l'étranger, donc pouvant régler en interne les traductions de ses poulains.

Donc pas pour moi ? En 2012, j'ai lancé www.traducteurs.net, avec un principe "révolutionnaire" : 50% des revenus de la traduction destinés à la traductrice, ou au traducteur. Mais sans à-valoir. Ce qui naturellement choque les pépettes mondaines prétentieuses et syndiquées (elles déplorent leurs conditions de travail mais tiennent à rester dans « le système », où elles bénéficient d'invitations au salon du livre de Paris, aux cocktails, et parfois même au ministère ; j'écris pépettes avec en tête une prétentieuse et facebookeuse brunette).

La traductrice me semble la personne la mieux placée pour défendre la nouvelle œuvre. C'est bien la traductrice qui donne la couleur, le ton d'une œuvre dans une langue. Elle peut s'exprimer sur des forums, démarcher, et elle connaît le pays. Certes, comme moi en France, elle n'aura jamais les moyens d'un Lagardère : il s'agit d'indépendance, de faire des choses, se bouger, montrer qu'une autre voie est possible. Cette approche s'adresse naturellement à des personnes dans « un certain état d'esprit », indépendantes, positives et dynamiques.

En 2012, le texte de *La fille aux 200 doudous* fut ainsi traduit en allemand par Jeanne Meurtin, « *Das Mädchen mit den 200 Schmusetieren* » et en anglais par Kate-Marie Glover, « *The Teddy (Bear) Whisperer* », également traductrice de *Mertilou prépare l'été*, « *The Blackbird's Secret* » et *Le lion l'autruche et le renard*, « *How the fox got his cunning.* »

Des pièces courtes, pour enfants à partir de six ans. Cette *fille aux 200 doudous* est devenue ma pièce la plus jouée, le plus souvent gratuitement lors de spectacles de fin d'année scolaire, donc avec des droits d'auteur symboliques (quand la représentation n'est pas cachée au dramaturge). Pièce même jouée dans une journée organisée par l'ambassade de France en Biélorussie... qui défend la langue sans se soucier du respect des droits du créateur...

Un contrat de traduction (il engage nos héritiers jusqu'à 75 ans après ma disparition) est signé avec Martina Caputo, qui traduira les six pièces pour enfants et « *neuf femmes et la star* » en italien.

Le même document va être paraphé avec María del Carmen Pulido Cortijo pour sa traduction de l'ensemble des pièces des livres « *La fille aux 200 doudous et autres pièces de théâtre pour enfants* » et « *théâtre peut-être complet* ».

Dès publications, je ne manquerai pas de repartir au combat contre ces élus qui souhaitent imposer leurs idées-reçues sur la vie d'un écrivain. Traduit en anglais, allemand, italien, espagnol, mais pas écrivain selon les critères de Martin Malvy !

D'autres langues bientôt ? Réussirai-je à obtenir la traduction des romans ? Ce serait "beau" de connaître un colossal succès via une traduction avant d'être visible du très grand public en France, pays des clans, du clientélisme, du grand foutage de gueule pompeusement appelé « exception culturelle »... Ces traductions existeront également en papier grâce à Amazon, en Espagne, Italie

Rien à voir avec ces gens-là !

« *Je ne suis pas de ceux qui pensent que l'écrivain doit vivre dans une tour d'ivoire. La vie littéraire se fait aussi dans les cocktails* » Dominique Noguez, dans *Lire*, en novembre 2004. Ni tour d'ivoire ni cocktails : les sentiers du Quercy, l'ombre du figuier...

« *C'est l'éditeur qui fait la littérature.* »
Aurélie Filippetti, ministre de la Culture, juin 2012.

« *L'écrivain ne naît qu'au travers du regard de l'éditeur.* »
Aurélie Filippetti, ministre de la Culture, juin 2012.

« *Ecrivain. Ce n'est pas un métier, mais une vocation, un don.* » Alice Parizeau, dans "*Blizzard sur Québec.*"

« *Il ne faut pas que ces livres* [les œuvres du domaine public] *deviennent gratuits* [en numérique]. *On pourrait imaginer une prolongation du paiement du droit d'auteur et que ces revenus reviennent à une sorte de caisse centrale des écrivains.* »
Régis Jauffret, écrivain, lors d'un débat sur le livre numérique organisé par le « *conseil permanent des écrivains* », en mai 2009. Je suis favorable à un retour du droit d'auteur post-mortem à dix ans, au lieu des soixante-dix actuels qui ne sont plus du droit d'auteurs mais du droit d'éditeurs (avec des miettes aux héritiers)

Relire des aphorismes...

« *Quand un écrivain publie un livre qui ne marche pas, ce n'est pas de lui qu'il doute mais de l'avenir de la littérature.* »
Yvan Audouard

Devrais-je, comme tant d'autres qui partagent mes analyses mais préfèrent le taire publiquement, mettre de côté un certain idéalisme et "profiter du système" ?

La librairie, le lieu unique ? Le lieu inique où seuls sont disponibles les livres des inféodés aux grands distributeurs. Censure en douceur.

« *Il faut bien semer, même après une mauvaise moisson* » écrit Sénèque dans sa quatre-vingt-unième lettre à Lucilius.

Quel livre me permettra d'obtenir une visibilité indispensable et suffisante ?

Une vue à court terme m'aurait convaincu de me soumettre à l'édition traditionnelle... si la liberté était un mot vide...

« *Le vrai écrivain n'est pas celui qui raconte des histoires, mais celui qui se raconte dans l'histoire. La sienne et celle, plus vaste, du monde dans lequel il vit.* »
Philip Roth.

Un jour, il y aura un déclic ! Un jour cette indépendance sera mise en valeur... quand je serai parvenu à être suffisamment voyant qu'ils [les journalistes] ne pourront plus faire semblant de ne pas me voir.

Nous sommes une minorité. C'est celle-là, lectrices,

lecteurs, qui doit vous intéresser. Séparez le bon grain des livres à vomir.

Il suffit d'imposer des contraintes économiques pour exclure, inutile de censurer. [distribution des livres en papier contrôlée par de grands groupes : indépendants absents des librairies]

Mon obstination finira par être remarquée ? Oui, il faut être remarqué pour être lu !
« *Où se situe la ligne de partage entre le compromis acceptable et l'inadmissible compromission ?* »
Jack-Alain Léger, *Ma vie (titre provisoire)*, 1997, chez Salvy.

Nous construisons tous notre petite prison, avec de petites lâchetés, des facilités, de l'aquabonisme, une crainte du futur (comme s'il nous appartenait !)

Il suffit de réunir des notables qui pensent à peu près la même chose pour prétendre s'être appuyé sur des experts et ainsi marginaliser les gens qui osent ne pas penser comme le chef.

« *Cette gauche des nantis qui tient les médias et l'édition. À cette gauche qui prétend savoir ce que c'est que la littérature, puisque la littérature, c'est forcément elle !* »
L'éditeur d'Aurélie Filippetti, Jean-Marc Roberts.

« *Votre amertume est écœurante et vos doutes le sont encore plus, vous vous troublez d'être rejeté par ceux-là même que vous vomissez.* »
Adam Haberberg, roman de Yasmina Reza.

Je me sentais de gauche, j'avais de la gauche une idée bien

différente de celle visiblement consubstantielle aux élus auréolés de cette étiquette. Si Jean-Michel Baylet, Martin Malvy, Jérôme Cahuzac, Bernard Tapie, Gérard Amigues, Guérini et les autres sont de gauche, je suis d'ailleurs. Où ? Écrivain !

« *L'homme d'esprit doit s'appliquer à acquérir ce qui lui est strictement nécessaire pour ne dépendre de personne.* »
Stendhal

« *La seule raison que nous ayons d'écrire, c'est pour dire des choses. Qu'importent les conséquences.* »
Marcel Aymé, à Henri Jeanson, ami le mettant en garde sur le danger d'articles contraires à l'idéologie dominante, en 1940.

Honte aux députés...

Les libraires sont plus nombreux que les écrivains indépendants conscient des réels enjeux et surtout les éditeurs publient vos mauvais livres. Vous vous en foutez d'être vilipendés par un écrivain inconnu et absent des médias vos amis. PS - UM unis contre les écrivains ! Un parti des écrivains, comme il existe un lobby des éditeurs ?

Vous avez déclaré la guerre aux écrivains. Oh naturellement, il s'en trouvera toujours pour s'agenouiller devant les puissants ; vous possédez en stock de nombreuses récompenses, des bourses, aides diverses, médailles, invitations et plus si affinités. Pourtant, plus vous soutenez l'oligarchie, plus vous avancerez sur la corde au dessus du précipice. L'édition n'est qu'un exemple. Malheureusement, l'ensemble de la société est contaminée par cette volonté de privilégier l'oligarchie contre "le peuple". Vous jouez un jeu dangereux car vous jouez avec l'avenir du pays. Vous désespérez les créateurs. Quitter la France...

Etre écrivain : y engager sa vie

Pour Martin Malvy (sûrement emporté par le manque de temps à consacrer à ce sujet), je ne suis pas écrivain. Pour d'autres également. Je n'ai pas reçu le label d'un « grand éditeur » (contrairement à Loana, Nabilla et autres rimes mineures)

En 2010, à l'occasion de la sortie d'*Incidences*, le magazine *Lire* interrogea Philippe Djian au sujet de sa conception de l'écrivain. Roman propice à une telle interrogation : le personnage principal, Marc, enseigne « *l'art de devenir écrivain* », dans un atelier d'écriture. Lucide, il décourage ses étudiants dès le premier cours : « *il fallait un minimum de grâce. On l'avait ou on ne l'avait pas. Lui-même ne l'avait pas.* » Il distingue ceux qui enseignent la littérature et ceux qui la font.

À la question : « *Un écrivain est-il bon parce qu'il travaille ou parce qu'il a du génie ?* », Philippe Djian répond : « *Ça n'existe pas, le génie, en littérature ! Je n'ai jamais rencontré de génie en littérature.* »
À la question : « *Pensez-vous que tout le monde puisse devenir écrivain ?* » Philippe Djian répond : « *En tout cas, tout le monde peut écrire. Je crois que la littérature n'est pas réservée à une élite.* »
À l'objection : « *Certes, mais dans* Incidences *votre personnage principal, Marc, qui est prof dans un atelier d'écriture, dit à une de ses étudiantes : "Je ne peux pas m'engager à faire de vous un écrivain, personne n'a ce pouvoir, il faut la Grâce." C'est quand même contradictoire ?* », Philippe Djian développe : « *Non. On ne peut pas faire de vous un écrivain au sens où moi je l'entends, mais on peut faire de vous un scénariste ou*

quelqu'un qui publie. La littérature, la vraie, en effet, ne s'enseigne pas. Mais tout le monde peut s'améliorer, à force de travail. En travaillant, on peut écrire, et très bien, à quoi ressemble le bleu du ciel. C'est une question de travail. Ça ne peut pas s'apprendre, mais ça peut s'enseigner. On peut aussi vous enseigner à structurer un récit. C'est ce que nous prouvent tous les jours ces gens qui viennent des Etats-Unis pour nous expliquer comment faire un scénario, comment écrire une série. Il y a des tas de gens qui prennent des cours de dessin, des cours de scénario, et ça fonctionne ! Mais ils n'écriront jamais de la littérature, c'est-à-dire Ulysse *ou* Guerre et paix. *Donc oui, vous pouvez apprendre à travailler pour faire partie des 95 % des bouquins qui encombrent les librairies. Mais les 5 % qui restent, les vrais écrivains, ceux-là sont hors de portée et personne ne peut, en effet, s'engager à vous transformer en l'un d'eux.»*

Parmi ces « *95 % des bouquins qui encombrent les librairies* » je classe ceux de notre ministre de la Culture, ceux de notre président de Région. Si vous souhaitez "publier", un atelier d'écriture, des conseils (d'éditeur comme en a reçus AF), peuvent vous y aider mais si vous ambitionnez d'entrer en littérature, c'est nettement plus compliqué : quelqu'un ne possédant pas un savoir vous le transmettra difficilement. Une œuvre majeure ne se télécommande pas. Et personne, même après avoir trouvé la solution pour un livre, n'est certain de réatteindre le même sommet. Chaque livre, chaque texte, c'est un combat. Contre soi, contre la possibilité et l'impossibilité de faire autre chose.

Pourquoi ? Je m'approprierais également une réponse de Philippe Djian « *Le rôle de l'écrivain est de donner une vision du monde.* »

Comprendre le monde. Cette ambition accompagnait Sénèque. Qui ne fut donc jamais écrivain au sens du Parti Socialiste français.

Etre écrivain, c'est y engager sa vie, savoir que malgré tout, on va continuer. Malgré les méventes, les Malvy, Amigues, Filippetti, CNL, CRL, librairies et salons du livre contrôlés par une oligarchie, vagues de découragements... Etre écrivain, c'est se confronter au monde et à l'écriture. Ni un don ni une technique transmise, une volonté, une envie, un besoin, un choix de vie.

Etre écrivain est un choix de vie. Malgré tout, ce sera ça ma vie, jusqu'au mot fin.

Et malgré "les échecs", des "satisfactions" viennent confirmer qu'il ne s'agit nullement d'une idiote utopie : des textes de chansons chantés, des pièces de théâtre jouées, traduites, des romans de plus en plus lus (principalement en numérique mais « je rêve » de versions papiers également disponibles "presque partout", ce qui sera le cas je l'espère fin 2013 via Amazon), des essais qui font réagir...

Pourtant, 2013 et 2014 semblent intenables... d'où ma demande cohérente et justifiée de bourse régionale... Il me faut donc vivre de peu, et même de moins. Pour tenir. C'est la bonne voie, même si le tunnel est long...

Le critique littéraire en 2013

Mardi 13 août 2013, *France-Inter*, fin de matinée, *"le septante-cinq minutes"* où Charline Vanhoenacker et Alex Vizorek reçoivent Eric Naulleau, visiblement, selon eux, le critique littéraire le plus important du pays... Intéressant, pour un écrivain ne regardant plus la télévision depuis 1993... En conclusion d'un extrait d'une émission suisse qui observait la France, la présentatrice précise « *Laurent, attaché de presse indépendant... il a osé dire ce qui ne se dit pas toujours.* » C'était : « *Les journalistes à Paris sont devenus des marquis et des marquises. Le problème c'est que tant que les journalistes seront eux même des écrivains, le copinage il existera toujours.* » Éric Naulleau enchaîne : « *à la télé y'a presque plus de critique, et que de la promo... y'a quelque chose à réformer... ce qu'on fait passer pour de la critique, c'est simplement un service promotionnel.* » Plus loin : « *c'est un milieu incestueux, vous allez avoir toutes les formes de copinage possible et c'est vraiment le règne du réseau, hors le réseau pas de salut. Vous avez des tas d'auteurs dont l'existence ne tient qu'à leur réseau.* » Ce qui rejoint les propos désabusés de Jack-Alain Léger...

Charline découvre l'édition (plus tard elle intronisera un nouvel éditeur, « *broché* ») : « *y'a des auteurs qui écrivent des livres, qui sont aussi jury dans les prix littéraires donc là c'est déjà peut-être un peu limite parce qu'on est quand même dans une maison d'édition et puis on doit en juger d'autres, qui ont aussi leur propre émission et qui ajoutent peut-être une chronique dans la presse alors là on arrive avec différentes casquettes...* »

Eric : « *je reçois dix livres en moyenne par jour... J'ai lu un livre qui va paraître à la rentrée, d'un critique multicarte et très talentueux, Arnaud Viviant, qui travaille avec moi... Il a une expression pour l'endroit où il stocke tous les services de presse, ça s'appelle "Le Couloir De La Mort"... ce sont des centaines de livres qui s'accumulent et humainement c'est pas possible d'en venir à bout... On se dit celui-là j'aimerais bien le lire et il va être enterré sous les envois du jour... La surproduction est un problème mais regardez ce qui va se passer, et je vous invite à le vérifier lors de la prochaine rentrée littéraire, il va y avoir 600 ou 700 livres j'ai pas le chiffre exact, y'en a disons 20-30 qui vont vraiment tirer leur épingle du jeu, il va y avoir une deuxième division qui va concerner 20-30 livres et la plupart des livres ne seront jamais recensés.* »

Le chiffre officiel serait de "seulement" 555. Mais sûrement des éditeurs du SNE. J'ai publié en gratuit « *rentrée littéraire 2013, 555 romans, et la révolution numérique.* »

Alex : - *Est-ce que le vrai métier, il est pas là, c'est d'aller sur les dix livres que vous recevez par jour trouver celui de l'auteur qu'on ne connaît pas et de dire "celui la est bien." Plutôt que de dire "le Nothomb de cette fois-ci, il est bof"* ?
Eric : - *Moi, j'essaye de faire les deux, c'est-à-dire, je vais chercher dans les coins parce que j'aime bien les littératures excentrées, excentriques mais ça m'est arrivé de traiter Nothomb ou des best-sellers parce que sinon y'a jamais de contre-parole critique, y'a jamais un mauvais article sur Nothomb, le plan promotionnel marche à plein donc faut que de temps en temps il y ait une contre-parole critique...*

Mais non, monsieur Naulleau, la contre-parole critique fait partie de la promo, et prend la place d'un article sur Ternoise !

Ni Éric Naulleau ni Arnaud Viviant, pas même Alain Beuve-Méry ou Jérôme Garcin, ne recevront, ne pourront marcher sur ce livre en papier dans leur couloir de la mort. Peut-être une version numérique leur sera envoyée. "Logiquement", dans ma position, espérer quelque chose de ces sommités serait insensé. Le contact direct écrivain / lectrices-lecteurs semble indispensable dans cette voie de l'indépendance, ma route depuis 1991… Finalement, j'ai tenu deux décennies sans compromission ! J'aurais aimé en causer avec Jack-Alain…

La trahison du serment de la librairie

Les libraires ont trahi "le serment de la librairie", ce petit frère du serment d'Hippocrate, traditionnellement accepté par les médecins en Occident avant d'exercer. Le serment d'Hippocrate est considéré comme le principe de base de la déontologie médicale. La déontologie du libraire l'oblige à vendre tout livre publié, à organiser sa profession pour que tous les éditeurs aient accès à ses tables et rayons.

Depuis longtemps, les libraires s'en sont remis aux distributeurs pour agencer leurs boutiques, intermédiaires qui ne se sont pas gênés pour réguler le marché en bloquant les indépendants. Que tout livre en librairie soit produit par un industriel !

Jeff Bezos, le créateur d'Amazon l'a dit en anglais « *les seules personnes nécessaires dans l'édition sont l'écrivain et le lecteur* ». Amazon a su être un intermédiaire utile. Que les libraires "traditionnels" le soient également ou fasse autre chose !

La charte de qualité de l'auteur indépendant

Il n'est même pas besoin d'exhiber quelques textes inutiles auto-édités pour dénigrer l'auto-édition, pratique accusée de mettre sur le marché les pires médiocrités agrémentées des fautes les plus élémentaires d'orthographe ou grammaire, parfois même avec un style d'élève en difficulté du CM1.

Il s'avère néanmoins sûrement exact que les livres vraiment auto-édités dans une démarche professionnelle (mon exclusion de "l'auto-édition réelle" des auteurs qui ne respectent pas un minimum la littérature a toujours dérangé les prétendues belles âmes du secteur pour qui « tout est littérature ») contiennent en moyenne plus de fautes que les livres des éditeurs "traditionnels".
Il ne s'agit pas forcément d'une question de qualité des auteurs mais de moyens. Même le passage par les correcteurs et correctrices professionnels ne permet pas de présenter des œuvres sans erreurs, qu'avant on appelait d'imprimerie. Mais depuis que l'imprimeur reprend un document PDF pour lancer l'impression, les éditeurs qui utilisent encore cet argument semblent miser sur la méconnaissance du grand public.
Monsieur Antoine Gallimard n'a pourtant pas de leçons de qualité à nous donner : la communauté des pirates du livre numérique s'était amusée à corriger l'ebook d'Alexi Jenni, *l'art français de la guerre*, prix Goncourt 2011. Après l'hypothèse de l'utilisation du document PDF imprimeur, mouliné par un logiciel de reconnaissance graphique pour fabriquer la version numérique, des lecteurs de la version papier ont informé le web que ces coquilles se trouvaient également dans leur épais bouquin.

La faculté de corriger rapidement sur l'ensemble du circuit de distribution un ebook constitue un avantage dont la portée ne semble guère avoir été analysée. Dans cette optique, j'ai décidé de récompenser les lectrices et lecteurs qui ne se contentent pas d'une moue de déception face aux erreurs mais les communiquent, en leur offrant un livre de leur choix du catalogue, trois formats disponibles (epub, pdf, amazon). Pas de papier offert ! Seule restriction, pour une question de taille des fichiers et vitesse de connexion à Internet d'un écrivain vivant à la campagne, ne pourront être envoyés que des ebooks dont la taille n'excédera pas cinq mégas, ce qui exclut les livres de photos (sauf ceux dont le PDF reste juste en dessous de la limite possible).

Naturellement, il ne vous faut pas réclamer ce livre ni envoyer les fautes constatées (réelles ! et non les choix comme mettre au pluriel un terme habituellement invariable ou reprendre une lettre d'un personnage dont les fautes d'orthographe constituent justement une caractéristique, ou même une libre violation des temps conseillés de conjugaison !) sur la plateforme d'achat mais à la page contact de www.ecrivain.pro en spécifiant le livre de votre choix, qui vous sera envoyé par mail après vérification des informations transmises.

Fautes réelles découvertes : un livre offert, l'engagement qualité de l'auto-édition.

Cette offre s'étend à l'ensemble de mon catalogue.

Extrait du roman de la révolution numérique

« *Suis-je capable d'écrire le livre de la Révolution numérique ? Le témoignage, l'analyse, qui passera au-dessus des têtes des installés pour toucher le grand public ?...* »

Extrait du roman
« *Le roman de la révolution numérique* »
(sous-titré "*Hors Goncourt 2013*"),
publié le 18 juin 2013
et disponible sur cette même plateforme.

Roman également publié sous le titre
"Un Amour béton"

Ce roman perpétue mon engagement d'indépendance et comme les précédents n'a pas bénéficié du soutien des grands médias. Comme le déclara Alain Beuve-Méry, le petit-fils du fondateur du *Monde* où il couvre l'édition. « *Tout dépend de la maison d'édition dans laquelle vous êtes édité, et du travail fait en amont par les attachés de presse auprès des journalistes et des jurés littéraires.* » Dans ce même quotidien influent, Baptiste-Marrey écrivait « *les grands groupes publient, distribuent, vendent et font commenter favorablement les titres qu'ils produisent.* »

---> Présentation

Vie, gloire et disparition d'un OVNI de la littérature française, Kader Terns.
Il faut l'oser, le terme "littérature", dans son cas. Mais il fut tellement employé ! Littérature numérique, postmoderne, brute, d'après le roman, de banlieue, de tablettes, décomposée, rappée, bloguée, néo-impressionniste, irrésumable, dans toute sa cruauté...
Après son "incroyable succès", le petit caïd du 9-3 était descendu dans le Lot pour m'y rencontrer. Je devais rédiger ses mémoires, statut peu glorieux du nègre. Il faut bien bouffer ! Surtout quand on vit avec une femme qui se croit obligée d'envoyer cinq cents euros par mois à Djibouti. "*Comment je avoir été meilleure vente Amazon Kindle*", il tenait absolument à ce titre.
Ni lui ni moi, lors de cet entretien banal et bâclé, n'aurions pu imaginer que nos vieilles pierres, nos sentiers et notre calme s'incrustaient en lui au point qu'il revienne y restaurer une ruine. Nadège, il l'avait piégée, elle l'a suivi...

Kader et Nadège, Amina et moi : le bonheur à la campagne... Il n'en fut rien !...

Je n'ai rien d'un enquêteur et c'est uniquement par sentiment de vengeance (peu honorable, oui, d'accord...) si j'ai cherché une sombre histoire derrière un stupide accident.

Nadège et le fils de Carlo ont avoué. Quand débutera le "grand procès", les médias se jetteront sur l'affaire, qu'ils ignorent totalement. Pauvre Kader, déjà oublié, forcément remplacé. « *Il a suscité de nombreuses vocations...* »

C'est tellement inattendu, insoupçonnable. Pas une fuite, même dans leur *Dépêche du Midi*. Eu égard à mon décisif apport, l'inspecteur se croit tenu de m'informer, naturellement en off. Peut-être uniquement car sa résidence secondaire n'est qu'à douze kilomètres. Si je laissais tranquillement faire, j'aurais sûrement droit à une légion d'honneur, avec au moins Christiane Taubira à Montcuq, peut-être même François Hollande. L'état, même socialiste, a besoin de héros ! Surtout dans le sud-ouest ! Ils sont tous tellement impressionnés par mon sens de la justice... je n'allais quand même pas leur raconter comment Carlo a bousillé mes dernières illusions d'Amour en 2010...

Machine judiciaire et univers médiatique m'en voudront sûrement de les devancer, en balançant les clés qu'ils auraient pris tellement de plaisir à dévoiler au compte-gouttes. Je suis écrivain. Qui plus est j'ai besoin d'écrire, après deux années de blocages, en lecture comme écriture. J'ai besoin de publier, faute d'une bourse d'écriture de la région. À chacun son boulot, son exutoire, son combat. Je suis sûrement plus doué pour raconter ma vie que pour la vivre... Un Amour béton... Lequel ? Amina et moi ? Nadège et Kader ? Dix-neuf jours Nadège et moi avons également pensé posséder la formule magique...

Enfin, c'est ce que j'ai cru, à un moment, encore récemment, quand ce récit était quasiment achevé. Mais tout va si vite, parfois.

Il faudrait tout raturer ? Tout réécrire à chaque fois que la vie rééclaire le passé ? Comme les autres, je me suis laissé emporter...

Avec dans les rôles principaux...

Kader Terns, a signé "*la vraie vie dans le 9-3*", best-seller numérique.
Nadège, sa compagne.
Stéphane Ternoise, peut-être le romancier.
Amina, sa compagne.

Marcel Hanin, vieux voisin.
L'inspecteur Delattre.
Sabine, mère de Nadège.
Le notaire.
Jan Jongbloed, artisan local.

Pablo, ex de Nadège.
Carlo, père de Pablo.
Anaïs, "correctrice" de "*la vraie vie dans le 9-3.*"
Kagera, meilleure amie d'Amina.
Bertrand, ex mari d'Amina.

Adam, frère aîné disparu de Kader.

—-> Le roman...

I Kader

I-A

Personne ne l'a contredit, Kader Terns, le premier "auteur" français ayant annoncé "*j'ai vendu 10 000 ebooks sur Amazon.fr*". Un petit caïd du 9-3, entré dans le jeu sans le moindre souci littéraire, juste par défi, et finalement "nous" passant devant, nous qui avions tant espéré et rêvé quand le géant américain ouvrit enfin sa boutique numérique, commercialisa son Kindle dans l'hexagone. L'espoir d'une révolution numérique.

- T'es louf, j'aurais balancé au marabout qui m'aurait prédit que littérature et bétonnière allaient rentrer dans ma vie ! Je ne lui aurais même pas offert une bière !

Tout ça pour Nadège, finalement. Cherchez la femme derrière la vie des hommes... Sauf chez les homos, ça va de soit... aurait sûrement ajouté Brassens... et encore !, aurait-il peut-être précisé... Plus tristement : la femme n'est parfois qu'un objet de standing...

- La littérature, c'est comme la délinquance : faut savoir s'organiser. Un vrai chef, des potes dévoués, et chacun suit le plan. Les initiatives qui s'excusent ensuite d'un timide "*je croyais bien faire*", tout le monde doit s'être bien enfoncé dans la tête, qu'il n'aura pas l'occasion de recommencer, l'écervelé coupable d'une malencontreuse bévue...

De son "autobiographie", Kader en a simplement connu ces trois phrases. Insatisfaction totale, presque jusqu'à la rupture de contrat !

- Nadège me l'a lu, le début, de ton truc. Je lui ai dit "*arrête, donne-moi ça, il faut que je lui en cause.*" J'ai des doutes, mec. C'est trop différent de "*la vraie vie dans le 9-3.*" Anaïs avait su revoir mon texte sans le déformer, comme elle disait. Elle m'avait également lu son premier paragraphe, et tout de suite j'ai su que c'était bon "*O.K., nickel, c'est exactement ça*". J'avais pas eu besoin de perdre des heures avec le reste. Mais toi, tu déformes tout, ça se voit tout de suite. Tu veux faire ton écrivain ! Tu comprends, merde ? C'est fini, votre littérature de papier, les gens veulent que ça clashe.

Encore aujourd'hui, je reste bien incapable d'expliquer ce qu'il entendait par une littérature qui clashe. Mais il adorait cette expression « que ça clashe » ! Je lui avais déjà demandé le rapport avec "Clash" mais il n'avait jamais entendu parler de ce groupe.
« - Que ça clashe, tout le monde comprend !
- Un clash, oui. Mais la littérature qui clashe ?
- Tu comprendras quand tu auras vraiment commencé à écrire !
- J'aime bien comprendre les choses que j'écris.
- Chacun comprend à sa façon un livre, c'est Anaïs qui le disait, donc c'est vrai ! T'es pas d'accord ?
- Naturellement, mais l'auteur doit également maîtriser son style, surtout quand il est au service d'une star.
- T'inquiète pas mec, si ça clashe pas, je m'en apercevrai tout de suite. »
Inutile de revenir sur la définition du terme. Peut-être du "moderne", pompeusement appelé « pulp » par d'autres, sans exigence d'avoir lu Charles Bukowski, encore moins Céline…

J'étais là, devant lui, sans la moindre idée traduisible en

mots. Même avec le recul, aucune réponse adaptée ne me vient. Face à mon silence, sûrement considéré comme celui d'un lieutenant fautif, il a sorti de la pochette droite de son bleu de travail une feuille blanche pliée en huit, l'a tranquillement posée sur la table en teck, utilisant son coude droit pour l'aplanir... Puis débuta la lecture d'un mauvais élève de CM1 :
- "*La littérature, c'est comme la délinquance : faut savoir s'organiser. Un vrai chef, des potes dévoués, et chacun suit le plan.*" Jusque là OK, ça passe encore, c'est la réalité. J'aurais pas dû la laisser continuer. Car attend, "*les initiatives qui s'excusent ensuite d'un timide*", tu me vois, tu m'imagines, lors de l'adaptation au cinéma, sortir des âneries pareilles ? Et ton "*l'écervelé coupable d'une malencontreuse bévue*" ?

Je connaissais naturellement cet incipit : dans sa bouche "*écervelé*" et "*malencontreuse*" furent totalement incompréhensibles. Quelque part j'avais pitié, pour lui mais également pour la littérature, ces journalistes, blogueurs, chroniqueurs, twitteurs, facebookeurs qui s'étaient crus obligés de conseiller l'achat de "son" ebook, certes sans l'avoir lu, uniquement pour sa présence en tête des meilleures ventes, le plus souvent avec un lien d'affiliation et uniquement quelques mots modifiés par rapport à la présentation officielle copiée collée. Tout le monde veut sa part du gâteau ! Quelques centimes de commission ou un clic sur une pub google adsense. Je ne pouvais même pas me mettre en colère ni lui répondre. J'avais juste besoin du fric de cette prestation d'écriture. J'ai même pensé "s'il m'emmerde, je lui griffonnerai du charabia comme sa vie du 9-3 et basta !"

- Tu déformes, comme disait Anaïs, tu comprends ? Tu fais du truc de prof. Je suis certain que ça doit plaire à ton

Amina-les-belles-phrases. Même son mioche elle veut qu'il cause comme un intello ! Il tiendrait pas huit jours dans un vrai bahut ! Je t'ai embauché pour que ça ait de la gueule, pas pour faire du Ternoise. C'est moi qui paye ! C'est mon nom qui sera à la une. Chez Amazon, ils m'attendent, je suis leur écrivain vedette. Je ne t'ai pas demandé une rédaction style Louis XVI, on est en 2012 !

C'est sûrement sa référence à ma compagne qui déclencha malgré tout une réponse. Ou son « *rédaction style Louis XVI.* » J'ai failli éclater de rire. Oui, sûrement est-ce pour retenir cette réaction spontanée, qu'il aurait mal interprétée, que des phrases anodines sont venues. Il était parfois tellement drôle sans le vouloir, en shaker mélangeant tout et n'importe quoi, sans se soucier de l'apparence ni du goût du charabia obtenu.
- Je te rassure : ça n'a rien à voir avec ce que t'écrirait Amina. Si tu veux, tu la prends à l'essai ! Elle a toujours prétendu qu'elle écrirait des livres mais il ne faut jamais la croire !
- Ça va de plus en plus mal entre vous ?
- La grande dérive !... Depuis que je sais ce qu'il s'est réellement passé à Addis-Abeba, finalement tout le reste fut dérisoire... Quand tu caches l'impardonnable puis que tu le maquilles, le jour où il est découvert, tu peux donner tout l'amour de la terre, on sait très bien que c'est uniquement pour te faire pardonner... Tu sais, Anaïs avait 15 ans. Et même si elle a réalisé un boulot remarquable pour une fille de cet âge, tu m'as demandé une autobiographie, quelque chose qui se lira vraiment, qui restera.
- Oh, après tout, je ne veux pas t'ajouter des problèmes supplémentaires, tu sais ce que tu fais, sûrement, et j'en ai plus rien à foutre de ces conneries de livres.

Il souriait, observait l'effet de sa conclusion, en acteur qui surjoue toujours. Je me demande bien quel air il a pu me trouver. Je pensais à ma chère Amina, à Nadège, mes difficultés avec les femmes, cette succession d'échecs. Je voulais simplement abréger cette conversation, retraverser la forêt, attendre 14 heures. Qu'il me laisse écrire tranquillement son inutile récit ! Il enchaîna :
- Ce qui me botte, c'est retaper cet endroit et que Nadège me fasse le plus beau des gosses... Je l'aime, oui je comprends ce que ça veut dire, aimer quelqu'un, vouloir être heureux, et elle m'aime. Je me suis rangé. De tout (il sourirait). Enfin presque ! (Nadège m'avait confié sa livraison à Toulouse, ses cinq cents billets de cent euros de bénéfices). C'est bizarre, on se connaît depuis peu mais y'a qu'à toi que je peux me confier comme ça. Alors, place aux jeunes ! Pour moi, tu vois, j'ai trouvé ce que je cherchais dans la délinquance : le fric pour me payer ce petit coin de paradis au soleil, pour y vivre peinard avec une superbe nana. Je ne l'aurais jamais cru mais c'est ce silence que j'aime. J'ai l'impression que les oiseaux me parlent. J'ai gagné assez pour vivre tranquille jusqu'à la retraite. Je m'en fous de l'esbroufe, finalement, la Mercedes pour narguer les flics, les kalachnikovs dans les caves, ce genre de trucs, qui te font rêver quand tu as douze ans et que ton grand frère pour la première fois te laisse le suivre. Tout le monde devrait avoir cette ambition d'un coin tranquille pour y vivre sans se prendre la tête. Boire de bonnes bières, manger du foie gras et de la brioche, baiser et s'endormir sans soucis, qu'est-ce que c'est simple le bonheur.
Parfois il me surprenait ! Confucius réincarné après passage par la case truand ! Un mec sauvé par l'amour ? Mais je savais bien que tant qu'il le pourrait, il resterait un

petit caïd fier de gagner en quelques heures ce que les "honnêtes gens" n'obtenaient même pas durant une année. Il avait un nom, une situation, dans "le milieu." Mais l'Amour, oui, peut, un instant, détourner même d'une voie sans issue. J'étais bien placé pour savoir qu'il s'illusionnait sur ce sujet... "comme on s'illusionne tous", pensais-je une énième fois. L'état réel de son couple me renvoyait à mes propres blessures, incohérences, ce séisme quand la sainte laissa entrevoir sa tunique de femelle sans scrupule sous ses habits de musulmane donc intègre, fidèle, douce et tout le baratin dont elle m'avait abreuvé, surtout par mail et skype il est vrai...

C'était un mardi, le 3 avril, 2012. Vers 10 heures. La bière vidée, j'ai retraversé la forêt. Il me reste en tête la drôle d'idée passée durant les dernières gorgées : « avec la baguette magique de ma grand-mère, la solution serait rapide ». Je me suis souvent demandé depuis, s'il me fallait revisiter ma vie avec une telle possibilité de tout arranger, s'il me faut tout bloquer, "oublier", assumer en le réécrivant, pour débuter un "nouveau livre", une autre vie, sans le poids du passé qui semble m'entraîner à revivre les "mêmes enthousiasmes", les "mêmes échecs", naturellement avec des apparences différentes au quotidien. Et je ne l'ai plus revu, Kader. J'allais écrire "je ne l'ai plus revu vivant." Mais puis-je vraiment considérer ce que j'ai vu le lendemain comme "un jeune homme mort" ?

I-B

Je n'ai rien enregistré, je notais. Pas l'envie de devoir réécouter un tel baragouinage. Cinq minutes de son charabia, je les traduisais le plus souvent en quelques mots français sans « que ouais », « yeah », « tu vois », « tu m'suis »... Aujourd'hui, je suis bien incapable de retrouver la moindre de ses vraies explications, si on peut appeler ainsi des mots enfilés les uns derrière les autres, sans verbe, ou alors à la conjugaison incohérente. Il me rappelait Alphonse, de l'école communale mais lui était considéré handicapé, du langage. Mariage entre cousins. Tandis que Kader semble avoir été "le chef d'une bande redoutable", des mecs qui s'exprimaient tous ainsi. « Oui, c'est dramatique, et je ne voyais vraiment pas l'utilité de mon boulot dans un tel milieu ! Ils sont incapables d'une réelle discussion. Kader, c'est un as, par rapport à ses lieutenants comme il les appelle... Des hommes d'une force incroyable avec une expression qui oscille entre le CM1 et celle du truand des séries américaines. J'étais là pour leur réinsertion mais tout aurait été à reprendre depuis l'école maternelle... et pourtant ces mecs-là arnaquent des types avec bac plus cinq qui se traînent presque à leurs pieds pour en avoir de la bonne. Ils roulent dans des bolides comme les happy-few de Neuilly. Ça peut te sembler incroyable mais c'est également la France... je suis tombée là, dans cette cité, quand ma mère a dû vendre notre maison dont elle ne pouvait plus rembourser seule le prêt, après la disparition de son mari ; alors elle a acheté ce qu'elle pouvait... Vu de là-bas, c'était encore le coin des bourges, à deux pas des tours... » (Nadège)

À les écouter, l'impression de grands cayons s'incrustait dans ma tête... et pas seulement entre cette cité et le Quercy.

Un pays fragmenté, où le communautarisme conflictuel finirait par s'installer... J'en avais d'ailleurs les prémisses devant les yeux, dans ce canton de résidences secondaires

où régulièrement des bandes venues s'y fondre discrètement étaient démantelées après des dizaines de cambriolages, le plus souvent, heureusement, mais pour combien de temps encore, chez les friqués.
Rentré, je me suis bizarrement assoupi dans le canapé et Nadège, vers 14 heures, m'y réveilla...

La suite de son "autobiographie", il n'en aurait pas plus aimé le style. À vrai dire, je ne l'appréciais pas non plus. Jamais je n'aurais pu créer un tel personnage. Ça m'embêtait cette limite du réel, cette nécessité de "rédiger." Je me faisais l'effet d'un journaliste, un simple interviewer, du genre entretiens de Martin Malvy avec Jean-Christophe Giesbert et Marc Teynier pour un livre inutile mais je l'espère pour eux correctement rémunéré. J'avais lu ce "document" quand le Président du Conseil Régional me fit répondre qu'effectivement je n'étais pas un écrivain pour le Centre Régional des Lettres. Deux euros et dix centimes sur Priceminister, ça ne valait pas plus ce « *Des racines, des combats et des rêves* » qui me servirait à argumenter sur la question de déontologie du grand homme quand il publia une nouvelle contribution chez un éditeur toulousain auquel le montant des aides versées par la région me reste inconnu. Certains interrogent Malvy d'autres Terns, et tout cela multiplie le nombre des livres inutiles au point que les lectrices et lecteurs sont incapables de remarquer tout texte digne de la postérité. Il semble bien exister une volonté de noyer dans la masse tout écrivain refusant de se soumettre au système dans lequel il peut être récompensé s'il accepte de montrer le bon exemple aux jeunes...

- Je ne vais pas vous barber avec des histoires du 9-3, l'essentiel est connu. Un jour j'ai bousculé ce que vous appelez la littérature française, et ça, depuis Céline, ça n'était pas arrivé. Même Michel Houellebecq et Christine Angot, mes chers collègues, n'ont qu'ébranlé le mur du style. Je sais que le pourquoi et surtout le comment de ce truc, ça vous intéresse. Je ne reviendrai donc pas sur ma vie d'avant, sauf naturellement si elle peut vous permettre de mieux comprendre comment je suis passé devant Gallimard, Grasset, Flammarion et les plumitifs qui avaient préparé un plan bien carré pour gagner à cette grande loterie de la nouveauté numérique. Vous voyez, je connais même les noms de la concurrence, moi l'écrivain indépendant, le KPM, Kindle Publishing Man. J'adore, le KPM, Kader Publishing Magic, fan de NTM, sur la photo avec NKM, yeah !...

"*Même Michel Houellebecq et Christine Angot... n'ont qu'ébranlé le mur du style.*" J'avais souri en le traduisant ainsi. Parfois, ça m'amusait ce job, ça me semblait tellement irréel, ridicule, grotesque. Une remarque de Lucia Etxebarria dans "*Amour, prozac et autres curiosités*" me servait de viatique, de garde-fou : « *Maintenant, je suis serveuse. Au bar, je gagne plus que ce que je gagnais dans ce bureau, et j'ai les matinées pour moi, pour moi seule, et pour moi le temps libre vaut plus que le meilleur salaire du monde. Je ne regrette absolument pas ma décision, et jamais, au grand jamais, je ne retournerais travailler dans une multinationale. Plutôt devenir pute.* »

Si elle avait rédigé en français, aurait-elle utilisé « devenir » ou « faire » ? Marianne Millon, la traductrice, a considéré que dans notre belle langue il convient d'éviter au maximum les "faire" ? Mais "faire" n'est pas être pour de vrai. Le « devenir » de Lucia Etxebarria me semble plus proche de mon faire le nègre, faire la pute littéraire, un ménage.

À faire le nègre, on le devient ? On prend le style, la bassesse de la fonction ? On accepte ce rôle confortable, sans risque et correctement rémunéré ? À livrer une marchandise dont on ne sera pas responsable, est-on écrivain ? Celui qui met le doigt dans l'engrenage finira broyé par le système ? "Nègre une fois, pas deux" fut mon tantra de ces derniers jours d'attente du printemps.
Gagner trois ans de tranquillité en me laissant aller... finalement, dans mon échec, j'avais acquis une certaine notoriété pour qu'un tel plan me soit proposé. De la même manière que je tenais en vendant parfois 250 euros un lien sur blog-amour.net, à insérer dans un article anodin où doit figurer "site de rencontres" en ancre. La même logique de totale déconnexion entre le travail réel et l'argent obtenu sévit également dans ma marginalité. Bosser deux ans sur un roman pour en vendre 92 exemplaires à 1 euro 99, soit même pas cent euros de recette auteur, ou passer à la caisse des prestations de ce genre... Je me souviens surtout d'une lourde fatigue, qui m'est tombée dessus en retraversant la forêt mais dans ma tête ce sujet tournait : encore un exemple au quotidien d'une logique mondiale ; nos petites vies reproduisent des schémas sociétaux, comme la tyrannie dans un couple rejoue celle d'une société ; chacun à son niveau expérimente des logiques mondiales, ayons le courage de l'admettre ; ce n'est pas nouveau : tandis que Van Gogh croyait en son génie, certains amassaient fortune et reconnaissance en commandes publiques et ventes médiatiques...
Amina souhaitait que je lui confie cet argent, promettant de l'utiliser pour embellir « *notre espace de vie.* » Elle considérait mon refus comme un « *manque de confiance.* » Un refus de plus, après celui de lui octroyer la moitié de la

maison dans notre contrat de mariage. Je ne voulais pas devenir musulman, ne voulais pas lui donner une partie de cette modeste demeure pour qu'elle se sente vraiment chez elle, ne voulais pas la comprendre... Alors que le Bertrand, le bon blanc qui fut son mari, dont elle finit par vraiment divorcer début 2011, avait tout accepté ! Et pourtant, nous étions toujours ensemble...

I-D

Ce jour-là, mon brouillon se limitait encore à des séries de déclarations, plus ou moins fumeuses, naturellement francisées, parfois des dialogues. Je prévoyais d'insérer des paragraphes d'explications. Mais cet habillage ne me semble plus nécessaire maintenant qu'il s'agit de ma propre optique, celle du "*roman de Kader*", le regard d'un écrivain, un écrivain inconnu mais réel, n'en déplaise aux Martin Malvy et aux Gérard Amigues de la terre, sur un phénomène éditorial, sur une victime finalement. J'ai eu besoin de relire Paul Auster, ses passages sur le hasard, pour reprendre ce texte. Pourquoi ai-je été embarqué dans cette histoire qui ne me concernait nullement et brusquement m'a assigné un rôle de lien entre des personnes dont la rencontre relevait déjà de l'improbable ? Secousses qui pourraient bouleverser mes convictions ? Certes pas au point de penser qu'un Dieu existe et s'amuse avec moi. Je n'aurais ni cette prétention ni cette faiblesse. Si Amina me lit un jour, je l'imagine bien s'arrêter pour simplement murmurer "il ne changera jamais, même ce signe d'Allah il le rejette par orgueil, sa maudite prétention à se croire supérieur aux autres au point de ne pas vouloir croire en Dieu." Oui, madame la sophiste et ses « *nos pires fautes, Dieu nous les pardonne, quand nous le lui demandons avec une entière humilité. Croire* en lui, c'est l'essentiel, c'est ce qu'il te faut comprendre. *Nous devons accepter nos fautes, lui demander pardon, et nous engager à vivre désormais dans sa voie. Nous devons nous soumettre à sa puissance... L'important c'est de croire. Et de reconnaître nos erreurs.* » C'est avec ce genre d'arguments que malgré la confession de « *graves fautes de jeuness*e », elle réussit à gagner ma totale confiance fin 2008. Elle avait certes trahi, encore récemment, son mari mais avec moi jamais elle ne commettrait pareille vilenie. « *Croix de bois, croix de fer, si je mens je vais en enfer... Paul Préboist, Gaston Deferre...* », j'avais fredonné une fois. « *Il n'y a pas de croix chez les musulmans* » fut sa réplique. Puis je lui avais expliqué Renaud, qu'elle considéra niveau CM2 en cette occasion. Il n'y comprenait rien à l'amour, le Bertrand. D'ailleurs il avait commis une faute impardonnable en omettant de lui souhaiter leur anniversaire de mariage puis en se justifiant en la comparant à un portable considéré merveilleux à l'achat mais auquel on n'accorde plus grande attention après six ans. Six ans, c'était alors l'âge de leur mariage. Certes elle jubilait déjà avec un amant, c'est ensuite, en relisant ses mails que je l'ai compris. C'était sûrement un autre sujet ! Pour l'heure, en 2008 – 2009, j'étais l'homme parfait, sauf l'indispensable nécessité de ma conversion avant notre inégalable bonheur sous un même toit. Aujourd'hui, je me demande si elle y croyait vraiment en ses belles envolées lyriques ou si elle y recourait pour toujours se donner bonne conscience, faire table rase du passé et jubiler, sans comprendre que l'on puisse lui en vouloir ?

- Comme dans la délinquance, c'est chacun son territoire. Je leur ai laissé les tables des libraires, ils m'ont laissé les tablettes. Ils n'ont pas vraiment réagi à ma percée médiatique. Je ne suis pas dupe, pour eux également, je suis un naze. De toute manière, ils ne m'ont pas lu. Je suis l'opportuniste qui a su profiter du système, le croisement numérique de Djamel Debouze et Michel Houellebecq, j'adore ce titre des *Inrocks*. Dans chaque pays un inconnu réussit à s'imposer. Ça ne change rien au système mais au moins ça permet à quelqu'un de devenir une star. Pour moi, être star dans le pays, c'est une suite logique. Je le suis depuis si longtemps dans la cité. Gamin déjà, j'étais le petit-frère d'Adam le magnifique...

Oui, ce mec qui n'a même pas écrit une ligne de son torchon illisible, conceptualisait, analysait, à l'ombre, devant moi qui avais publié cinq romans et surtout des essais avec finalement des observations similaires, les pensant très iconoclastes... Mais elles n'étaient qu'évidences, et dans mon cas raisonnements purement intellectuels, inutiles, alors que sans grande phrase il avait compris les rapports de force en présence et utilisé la petite ouverture, sans scrupule ni état d'âme, avec en tête un seul objectif : la première place du classement des ventes d'Amazon. Ensuite, les critiques que je pensais indispensables d'obtenir avec la qualité de mes écrits, il les a accumulées uniquement par sa place de leader des ventes. Je l'avais pourtant martelé que nos vénérables chroniqueurs – orthographiant parfois vén(ér)a(b)les - recopient les dossiers de presse, baratinent par simple copinage et ils ont bêtement retranscrit le classement, consacré le "lauréat" ! Le public avait forcément raison. Vendre c'est gagner ! Exit le jugement critique, le titulaire d'une carte de presse rapporte des faits ! Comme s'il avait le temps de lire des livres !

L'époque ne peut plus nourrir un journalisme d'investigation donc même *Le Monde* s'est adapté au

« journalisme d'accompagnement » (quand même plus honorable que « couché »). Au service des installés, de l'oligarchie, les politiques, les géants commerciaux, les sportifs, les artistes. Tous à l'affut des dépêches de l'AFP. Si des électeurs votent pour un candidat, l'honorable notable doit l'accompagner comme il brode sur les grands événements, "analyse" les résultats de Michelin ou Lagardère. Donc dans le domaine littéraire, un professionnel de la réécriture des communiqués de presse. Un rôle essentiel chez les éditeurs : l'attachée de presse, qui ne doit pas hésiter à utiliser des arguments personnels pour obtenir de la surface médiatique.
Vous rêviez de comprendre le monde ? Commencez par personnaliser une dépêche de l'AFP !
Mais tout cela est connu de qui veut le connaître et les autres s'en foutent. J'avais cru utile de le dénoncer alors que les vedettes de ce système le concèdent, balancent parfois au détour d'un article insipide ou, le plus souvent, quand un confrère les interroge, interview audio... Ils ne sont même pas accusés de ne pas savoir tenir leur langue ni de se tirer une balle dans le pied : c'est ainsi, la France est ainsi, on ne peut rien y changer. De toute manière nul n'accorde de réelle attention à ce genre de propos. J'ai cru pouvoir être l'homme du « changement c'est maintenant » mais sûrement suis-je trop dans la sincérité pour que le moindre de mes cris puisse atteindre même quelques milliers d'oreilles.

Plus je l'écoutais, plus je me sentais dégoûté : elles avaient servi à quoi mes analyses désillusionnées sur cet univers médiatico-littéraire ? Ce sont justement ces illusions qui m'ont maintenu aux portes du top 100 ! Ai-je cru au réveil des médias ? Qu'ils fonctionneraient autrement au premier choc de l'ebook ?

I-E

Ai-je vraiment cru en la révolution numérique ? Oui, je dois me l'avouer. Alors qu'il s'agit, pour l'instant, d'une simple étape dans la domination par les éditeurs du monde de l'édition, péripétie où les libraires traditionnels disparaîtront mais l'essentiel sera préservé : les grands groupes continueront à tenir les écrivains en tenant les médias. Équilibrisme reposant sur la vanité où les chroniqueurs servent la soupe aux poulains lancés, complaisance leur permettant de figurer dans la grande écurie avec leurs livres inutiles. Les écrivains pourraient calligraphier « stop » sur leurs sites. Les "honorables titulaires d'une carte de presse" pourraient tout stopper. Et pourtant c'est encore, encore, encore...

"*Ils ne m'ont pas lu*" : on ne lit pas la concurrence, on la surveille ! On observe ses méthodes. Oui, il avait compris. Et ne s'était pas embêté avec des questions de style. Seul le titre comptait, ce fut sa trouvaille, enfin même pas, plutôt celle d'Anaïs : *"la vraie vie dans le 9-3"* et il suffisait aux besogneux rédacteurs pour broder, quand ce n'était pas raconter tout autre chose, soutenir ou dégommer la politique du gouvernement ou du précédent. Il a gagné, comme Stéphane Hessel, comme Marc Levy, comme Philippe Sollers, comme Christine Angot, au point que dans une feuille sérieuse, "*Philippe Forest, écrivain*" (il se présente ainsi) puisse chroniquer au premier degré et sans susciter le moindre tir de moquerie, le bouquin "*Une semaine de vacances*" en débutant par : « *À juste titre, on dit souvent d'un vrai roman qu'il est irrésumable, car en rendre compte sous une forme autre que celle que son auteur a choisie revient précisément à défaire ce que celui-ci a voulu faire. C'est particulièrement le cas avec le nouveau livre de Christine Angot.* »

Les mêmes termes analysent très bien l'œuvre de mon ex-employeur : « *À juste titre, on dit souvent d'un vrai roman qu'il est irrésumable, car en rendre compte sous une forme autre que celle que son auteur a choisie revient précisément à défaire ce que celui-ci a voulu faire. C'est particulièrement le cas avec le premier livre de Kader Terns.* »
"*Philippe Forest, écrivain*" pouvait néanmoins compléter son grand travail au service du lectorat francophone dans *Le Monde des Livres* : « *Disons simplement qu'*Une semaine de vacances *réécrit* L'Inceste *(Stock, 1999), le plus célèbre des romans de Christine Angot.* » Un roman déjà digne de figurer dans la longue liste des irrésumables où ranger "*la vraie vie dans le 9-3*" s'impose. Un roman sentimental, un roman policier, un roman historique ? Bien mieux que cela, monsieur Utopie : un roman irrésumable !
Ce fut certes l'exigence de James Joyce. Mais il n'est pas nécessaire d'avoir lu *Ulysse* pour prétendre entrer dans ce rayon voué à déborder ! (déjà bien rempli même par les "éditeurs traditionnels")
En consultant cette presse d'accompagnement, je déniche quand même dans *Rue89*... et ce n'est sûrement pas un hasard que ce soit dans un support sans histoire papier même s'il fut englouti par le *NouvelObs*... une référence à Stéphane Hessel : « *comme le vieil homme, monsieur Kader Terns suscite des achats de sympathie, portés par un bon titre et un statut de symbole inattaquable, consensuel. Certes, de l'ancien résistant au jeune quasi-délinquant la distance est bien plus grande que de Matignon à l'Elysée mais l'un et l'autre représentent des stéréotypes, ces cases qu'affectionne tellement notre société dans son besoin de repères depuis la disparition*

ou radicalisation des religions et la chute du communisme. » Signé Jean-Christophe Marion. Des raccourcis contestables mais un rapprochement louable.

« - Peu importent les méthodes. Les éditeurs n'aiment pas qu'on aille fouiner dans leurs affaires, que ce soit l'Europe ou le gouvernement américain sur une possible entente sur les tarifs ou les prix littéraires. Ils n'ont donc pas cherché, officiellement, à comprendre comment le p'tit mec du 9-3 a grillé les milliers d'auteurs plus ou moins littéraires qui se sont lancés dans cette grande loterie, cette course à la gloire que fut l'arrivée du Kindle en France. Je sais bien, Stéph, que tu aurais nettement plus que moi mérité d'être l'écrivain de la révolution numérique. Nadège le prétend. Il paraît que t'écris nettement mieux que son ex, qui n'était qu'un scribouillard prétentieux comme elle m'a dit, si ça peut te faire plaisir. Paraît que les vrais écrivains vivent surtout de compliments !
- Pourquoi, elle m'a lu ?
- Eh oui, c'est elle qui a acheté l'unique exemplaire que tu as vendu ! Mais non, je rigole, Stéphane... Ça te va très bien le rôle du romancier inconnu, peut-être que pour tes 70 ans tu auras une juste récompense de ton talent, "une juste récompense de ton talent", ça t'étonne comme expression mais c'est encore de Nadège. Mais elle est comme toi, elle n'a rien pigé à la logique de cette grande loterie : la qualité, c'est has-been, le style je t'en parle même pas ! D'ailleurs, même avant moi, ce que lisent les gens, ce sont des traductions vite faites, Harlequin et compagnie, parce que les américains savent raconter des histoires. Les gens veulent des histoires qui les sortent de leur quotidien. La qualité, votre qualité, ce n'est plus qu'une marotte pour des académiciens qui n'ont rien à dire donc prétendent que le style fait l'œuvre !

- J'avais compris mais je n'ai pas eu le culot d'en tirer les bonnes conclusions.
- En fait, tu as eu peur qu'écrire un livre de merde, complètement louf, ça te poursuive toute ta vie ! Alors que moi, ils peuvent dégommer mes phrases prétendues incompréhensibles, je m'en fous, et en plus ça n'empêche pas les gens d'acheter car s'ils me trouvent à côté de la plaque, ils n'oseront plus l'avouer, car l'avouer ce serait reconnaître leur jugement bourgeois, leur incapacité à comprendre la banlieue, donc le monde actuel. C'est comme votre vieille chanson française et le rap. Vos vieilles radios ne voulaient pas en entendre parler du rap, comme vos vieux libraires refusent le numérique. Résultat, les gens ont voulu du rap, ils l'ont eu et Joey Starr a détrôné Cabrel Goldman et Tino Rossi. »

I-F

Nadège lui lisait tout ce qui paraissait sur lui, il adorait regarder les photos et les titres. Il cachait derrière la désinvolture un réel problème de lecture. Peut-être en souffrait-il, finalement. Il lui demandait toujours son avis avant de m'en parler. Nos expressions, englouties dans son immense shaker, ressortaient de manière aléatoire sans la moindre conscience visible de les replacer devant leur auteur. Ce qui dénote au moins un réel intérêt pour ce sujet et notre place dans sa vie. Rien d'étonnant, certes : télévisions, radios, web et proches constituent pour la majorité un réservoir à expressions et idées-reçues... Mais passé le stade du sympathique, cette méthode shaker sombrait dans le risible.

Pourtant, il ajoutait souvent une touche personnelle, une logique implacable. Il expliquait ainsi facilement mon échec. Mais ses propos ne m'étaient d'aucun service : je

continuerai à croire en la littérature, même dans un monde qui ne la mérite pas. Car finalement, Milan Kundera, Philip Roth, Paul Auster, Philippe Djian sont lus... et tant d'autres ne sont qu'achetés. Comme un pro devant un amateur, un boxeur face à un sac, il me balançait :
- Ton problème, c'est que tu as voulu faire de la littérature, tu as réfléchi à tout ce folklore, à comment séduire un lectorat et des médias, alors qu'une seule chose est importante : comment arriver en tête du classement. L'argent amène l'argent, les ventes amènent les ventes. Tu es comme les autres : tu ne sais pas analyser une situation et y répondre comme si ta vie en dépendait. L'école de la rue, tu vois, c'est ça qu'elle t'apprend : comment gagner. Car si tu perds, t'es un perdant, tu vois, comme toi ! Et tu le restes toute ta vie.

Les chroniqueurs auraient pu lui accorder une once de Bernard Tapie : gagner !

« - Je me doute bien qu'ils ont employé leurs fouineurs pour assimiler ma méthode dans le but de la reproduire à plus grande échelle. Moi aussi, j'ai observé les grands frères avant de devenir le boss. Et j'ai compris leurs erreurs. C'est pourquoi tu me vois ici, vivant. Et si je me confie à toi, je te montre même quelques faiblesses, c'est parce que t'es un mec différent, hors-jeu. M'en veux pas, mais t'es hors du jeu et même un peu hors-jeu, tu n'arriveras sûrement à rien car tu n'es pas prêt à accepter le monde tel qu'il est. Pour le dominer, le monde, il faut d'abord le comprendre et accepter de ne pas chercher à le changer. Juste en profiter. Ce n'est pas moi qui ai créé la banlieue, je suis juste arrivé là, j'ai observé et j'ai décidé d'être le patron. Alors que toi, tu voudrais changer le monde de l'édition, rien que ça ! Les révolutionnaires ne deviennent jamais riches ! Et c'est quand ils sont morts qu'on les glorifie. Même les bobos portent le tee-shirt du Che Guevara. Après ma mort, on peut m'oublier ! Moi ce que je veux c'est vivre dans le présent ! C'est parce que vous n'arrivez pas à réussir dans le présent que vous nous sortez des phrases du genre « l'histoire saura reconnaître mon talent ! » Foutaises que tout ça ! Faut que ça clashe ! Ça t'embête que je me serve toujours de toi comme exemple ?

- Il y a sûrement une part de vérité dans la manière dont les gens nous considèrent. Nous avons trois identités, celle dont les gens nous habillent, notre réputation, celle que nous croyons avoir et la notre réelle. Je crois que personne n'atteint vraiment l'état de grâce où il se ressent et se voit tel qu'il est vraiment.

- Tu m'expliqueras ça un jour en français, ça m'a l'air intéressant ! Mais je reviens à nos éditeurs. Pour eux, l'important n'est pas d'être le premier à avoir une bonne idée mais de parvenir à en tirer le maximum ! Alors que même le côté financier, je m'en foutais. Qu'est-ce que j'aurais fait avec deux mille, cinq mille ou même dix mille euros ? Je ne suis pas le seul à avoir essayé de magouiller ! Mais les autres ont manqué d'audace, de cohérence, et surtout d'entrainement au combat. Certains se gargarisaient de trois minutes à la télé ou 12 jours dans le Top 100. Il fallait un gagnant, il ne pouvait y avoir qu'un gagnant, « *un Amanda Hocking français* », toujours nos *Inrocks* dixit. Vous avez analysé ça, être l'Amanda Hocking français, vous avez même essayé de reproduire son cas mais vous aviez tout faux. Nous ne sommes pas aux states, la France n'est qu'un petit pays, que ce soit pour le trafic de drogue ou la lecture. Même le fric, il ne fallait pas y penser, mec ! Ni le fric ni le style, rien que le top du classement ! Et j'ai raison, on parle de réussite pour moi et d'échec pour toi. Pire, personne ne s'intéresse à ton échec ! »

J'aurais pu me lancer dans des analyses plus complexes, lui rétorquer que lui comme moi on cherche des solutions individuelles alors que Lagardère, Gallimard et les autres réfléchissent en terme global. Ils souhaitent un monde où les écrivains se retrouvent obligés de leur abandonner la plus grande partie des revenus de leur travail. Ils s'en foutent même que quelques marginaux réussissent après des années de combats, ou par hasard, à s'en sortir. Mais les aventuriers finissent toujours par être récupérés, de leur vivant ou après ! Astérix en est l'exemple le plus flagrant, finalement tombé dans l'escarcelle Hachette alors qu'Albert Uderzo avait créé en 1979 les éditions Albert René...

J'aurais pu lui répondre « ça sert à quoi ? » mais n'avais pas envie d'entendre de nouveau « *à baiser le plus beau cul du 9-3, mec !* » Et de toute manière, je n'étais pas non plus certain de mes propres motivations. Ni pour le fric ni pour la reconnaissance d'une œuvre qui de toute manière n'existait pas. Il m'avait déjà raconté le pourquoi du comment. Après tout, Germaine de Staël concéda « *en cherchant la gloire, j'ai toujours espéré qu'elle me ferait aimer.* » Je cherche autre chose que l'Amour ? Je lui résumais néanmoins et il sembla réellement m'écouter :
« - J'accepte cet échec, je l'admets, tu sais. Je n'attends rien de plus que de grappiller chaque année le minimum pour vivre, même sous le seuil de pauvreté officiel. Tu sais bien que je n'aurais pas signé ton contrat sans cette nécessité financière. Si Martin Malvy n'avait pas bloqué mon dossier de bourse au Centre Régional des Lettres, je

n'aurais pas eu besoin de ce fric cette année. J'aurais pu ajouter quelques titres... Mais je reste persuadé que dans cette voie j'ai une possibilité d'atteindre ce que je cherche, l'œuvre majeure. Et même aujourd'hui, je reste assez prétentieux, orgueilleux si tu veux, pour croire qu'il suffit d'un déclic pour que mes textes soient vraiment lus, exploités, le théâtre par des troupes, les chansons par des interprètes...
- Si c'est ce que tu cherches ! Mais franchement, je n'en vois pas l'intérêt ! D'ailleurs, pas un journaliste ne s'intéresse à ce genre de trip ! Au Moyen-âge, peut-être, c'est ce qui semblait important, de vendre des livres, quand y'avait ni télé ni radio. Mais aujourd'hui ! On dirait que tu n'as pas compris qu'on est en 2012 !
- Je pense avoir intériorisé qu'à chaque époque il y eut des artistes qui cherchaient simplement à plaire pour réussir, entre guillemets, et d'autres pour lesquels l'art répondait à un besoin existentiel. Je ne sais pas pourquoi mais je crois que je suis de ce côté-là. Peut-être à cause de l'enfance, oui. Même Amina semble incapable de comprendre ce besoin existentiel.
- Existentiel ! Tu sais, avec des mots pareils, ils t'inviteront jamais à la télé. Même Jean-Pierre Pernaut n'emploie jamais ces mots d'intellectuels. Il sait bien qu'on changerait de chaîne ! Les chroniqueurs sont des gens normaux, tu sais ! Pas des intellectuels ! Ils sont même sympas, le plus souvent. »

Ah les « *gros niqueurs* » comme on les appelle dans le sud-ouest, sûrement l'effet de l'accent... Petite anecdote racontée par l'as des bluffeurs :
- "*La littérature est un combat, une guerre, avec de l'intox et des snippers. Je me mets à théoriser, employer le mot littérature comme si j'avais lu Michel Houellebecq,*

Frédéric Beigbeder, Honoré de Balzac et Marcel Prost."
Oui, en interview ! Je le sais maintenant, que l'écrivain s'appelle Marcel Proust. Mais durant mon enfance, Alain Prost m'a tellement bercé en tournant des heures dans la télé avec sa voiture rouge, que je l'ai commis, disons ce lapsus, en interview. Nadège avait été géniale. Elle est intervenue "arrête de déconner Kader, monsieur va croire que tu confonds Alain Prost et Marcel Proust ! Il ne sait pas forcément que c'est une de nos blagues, Marcel Prost." J'avais enchaîné. L'improvisation, c'est mon grand talent. Ouais, y'a du Djamel Debouze en moi. *"Je suis certain que monsieur avait compris, même s'il n'a pas fréquenté notre école de la rue du Génial de Gaule !"*

Oui, l'art de se faire des complices, des potes, des amis. Y'avait de l'Amina dans ce mec. Même totalement incompétente sur un sujet, elle peut te donner une leçon, rien qu'avec la tchatche, le sourire. Ce mec m'était sympathique mais de plus en plus il m'apparaissait comme un versant masculin d'Amina. J'ai même pensé : un jour elle le séduira, lui expliquera la nécessité de retrouver ses « racines » (même si, à sa connaissance, jamais personne parmi ses ancêtres ne s'est préoccupé de religion) et il se convertira, prêchera, écumera les plateaux avec son baratin d'Abdel Malik de l'ebook. Ce scénario m'aurait sûrement apporté d'autres genres d'ennuis !

II Nadège

- Nadège. Ah Nadège ! Avoue, vous n'aviez jamais vu une femme comme ça, au village ! Le vieux, ses yeux en sortent de sa tête. Je peux tout lui demander ! « Avec plaisir ! Avec plaisir ! » Mais le plaisir est pour moi !

- Elle me prenait pour un naze, forcément, un type qui suit le parcours de réinsertion uniquement pour éviter la case prison mais continue naturellement à trafiquer... et comme les autres tombera vraiment un jour... ça c'est ce que vous pensez tous, qu'on ne peut pas magouiller une vie entière en passant entre les mailles de votre filet. Y'en a qui meurent sans avoir connu l'autre côté des barreaux ! Et ce sont eux, nos vrais modèles. Faut pas croire que la prison nous forme ! Ça c'est ce qu'on raconte aux médias pour vous donner mauvaise conscience. Si vous enfermez un jeune, vous en ferez un caïd ! On veut tous devenir des caïds, c'est dans la nature humaine. Même toi, mec, tu veux devenir un caïd de la littérature, c'est une autre face du kaléidoscope ! C'est juste une question de créneau. Si tu avais eu la chance d'être le petit frère d'Adam, tu serais sûrement à ma place.

- Ça se voyait, qu'elle n'y croyait pas non plus, à la main tendue de la société qui va récupérer un jeune homme dans le bizness depuis presque deux décennies. Ouais mec, j'ai débuté dans la carrière vers 7 ans, c'était juste de la surveillance, genre appuyer sur un bouton quand déboule une voiture de flics...

- Avant le début de l'affaire Kindle, je n'ai jamais loupé un rendez-vous dans le bureau de Nadège. Elle me prenait le soir, à 17 heures 30, pour éviter que je reste toute l'après-midi. Mais je m'en foutais, j'arrivais dès l'ouverture. Sauf la première fois, forcément ! J'avais rendez-vous à 10 heures 30, je me suis pointé vers 15. Et là, le choc ! Je sais bien que tous m'avaient juré qu'elle était canon, qu'ils ne pensaient qu'à la niquer. Quand elle a ouvert la bouche, je l'aurais violée ! Elle est sortie de son cabanon, c'était au tour de Farid... J'ai failli ne plus trouver les mots, moi, oui, j'étais intimidé !

« - Hein, Farid, que tu me laisses ton tour, j'avais rendez-vous à 10 heures 30 avec mademoiselle.

- Pas de problème, Kader, c'est toi le boss. »

Je sais, il n'aurait pas dû m'appeler ainsi chez l'ennemi. Mais y'avait Nadj devant nous, comme ils la surnommaient, les réinsérés sociaux. Je comprenais pourquoi, maintenant ! Je suis entré dans son bureau et je n'en suis ressorti qu'à 18 heures 30. Tous, Farid, Ahmed, Nico, Fred, Paulo, tous ont juré que ma présence ne les dérangeait pas, qu'ils n'avaient rien à me cacher. Et c'est vrai, qu'ils n'ont rien à me cacher. À 18 heures 30, elle a vraiment appuyé sur le bouton d'alerte, c'était pas de la rigolade, les keufs ont débarqué dans les trois minutes, gyrophares. Je leur ai expliqué que c'était juste de la drague, que j'étais amoureux, et tout, que je voulais l'inviter au restau, la baiser, et tout. Un flic lui a proposé de la raccompagner, elle a accepté. J'étais vert, elle est montée dans leur voiture ! Là, je me suis juré, parole de Kader, cette nana je lui ferai tout et en plus elle aimera ça.

- La violer dans le bureau, ça c'est un truc, je savais bien que c'était impossible. Tout le monde le savait. C'est le genre de connerie, jamais personne par ici, la ferait. Mais j'aurais facilement pu la violer un soir. Même de manière anonyme. C'aurait été facile de la faire embarquer et livrer dans une cave. Mais non ! Une nana comme ça, il faut que ça se donne vraiment. Bien sûr, si elle n'avait pas respecté sa parole quand on a parié, là elle y serait passée, et tout le quartier en aurait profité. Mais dès ce jour, elle n'a plus rencontré un seul problème. Tout le monde la saluait d'un aimable « bonjour, madame Terns. » Tu vois, j'ai tout de suite compris que c'est une fille, entre elle et moi c'est pour la vie. Il fallait entrer dans son jeu, ne surtout pas la contrarier, attendre la petite ouverture pour y placer un pied. C'est une fille qu'on baratine, qu'on séduit, qu'on drogue au besoin, mais qu'on ne viole pas, comme dirait l'autre.

L'autre de ce « *C'est une fille qu'on baratine, qu'on séduit, qu'on drogue au besoin, mais qu'on ne viole pas* », je sais désormais qu'il s'agit du père de Pablo, alors « ancien fiancé » de Nadège mais surtout le « Carlo d'Egyptair », remarqué par Amina le 9 décembre 2009 à l'aéroport du Caire, escale du vol Addis-Abeba - Paris.

- Son p'tit appareil dans son troisième tiroir ouvert, je l'ai immédiatement remarqué... déformation professionnelle : si elle en possède un, on en récupérera des tas dans les sacs des bobos, vous savez, ces sacs que les gamins me ramènent... non, si vous n'avez pas lu "ma première œuvre" vous l'ignorez... et c'est écrit noir sur blanc dans le contrat signé avec Amazon : dans ce récit je m'adresse au grand public, pas seulement à mes fidèles lectrices et lecteurs... Bref, c'est ainsi que j'ai découvert le Kindle... ma première réponse fut « c'est du chocolat ? » Mais je lui ai promis d'en acheter un, et le lendemain, bien fier, je revenais lui présenter mon joujou high-tech.

« - La livraison, c'est en 24 heures minimum, et encore, avec Chronopost.
- C'est un pote Chronopost !... Non... Je déconne... Tu ne vas pas me croire : ma mère, qui sait combien j'adore la littérature, m'en a offert un justement hier soir ! Mais j'ai

besoin de toi, pour me conseiller en livres à acheter. On prend le *Kâmasûtra* pour l'essayer ce soir ? Tu vois, j'en connais des mots compliqués !
- Tu comptes vraiment lire !
- Si le titre me plaît, je peux tenir jusqu'à la cinquième phrase, c'est arrivé ! Avec le *Petit prince*, un cadeau de mon père, la dernière fois qu'il est passé. C'était en... non, je ne vais pas te faire pleurer sur mes histoires de famille, l'enfance difficile, le manque de repère et tout, il m'appelait « *mon petit prince* », mon vieux. Tu connais *"le petit prince"* ? d'un mec avec un nom à dormir dans les églises, le Saint-Esprit ! Lire ensemble le *Kâmasûtra*, à toi le texte, à moi ton corps, ça me tente vraiment, ma petite princesse ! Je t'appellerai toujours princesse.
- Ce n'est pas le genre de surnom qui me plaît. Et je te conseille même de ne jamais plus le réutiliser.»

- Jamais je ne l'ai rappelée princesse ; tu sais, les filles sont bizarres, donc parfois il faut les écouter. Un mec m'a expliqué, c'est à cause des hormones. Elles accordent de l'importance aux détails mais sur l'essentiel on en fait ce qu'on veut.

S'il m'avait fallu émettre un avis définitif sur le sujet, j'aurais opté pour le contraire. Et naturellement, je n'allais pas lui expliquer que 48 heures plus tôt, Nadège m'avait raconté, ce *princesse*... Ce terrible princesse qui me fit si mal quand moi également je l'ai pris dans la gueule avec les mails de ce Carlo à cette saleté d'Amina qui pourtant les mêmes jours continuait de m'écrire « mon Amour, tu me manques... »

- Là, dans les 12 mètres carrés réglementaires de mademoiselle la référente, l'idée de génie, quand elle me montre, avec un petit sourire narquois, déplaisant, la

boutique Amazon Kindle, et ses meilleures ventes : « Le jour où je suis là, tu couches avec moi ! »
Elle m'a regardé en souriant, j'avais le doigt sur son écran.
« - Tu veux dire, le jour où tu es en tête des ventes de la boutique Amazon Kindle !
- Bin ouais ! Tu m'as raconté, j'ai retenu, qu'on peut tous publier, avoir un bouquin là.
- Mais pour être là, comme tu dis, il faut que les gens achètent. Mon ami fut l'un des premiers à utiliser la plateforme d'autopublication d'Amazon en France, malheureusement sa nouvelle n'a pas encore trouvé son public.
- C'est un naze ton rital ! Je t'ai déjà dit de le passer par la fenêtre du sixième... Si tu veux, on s'en charge... Ouais, j'écris un livre, les gens achètent, et le jour où je suis là, number ONE, tu couches avec moi ! »
- Elle a souri, elle me prenait pour un naze, un naze parmi les nazes, alors qu'elle, elle croyait s'en sortir en étudiant, en continuant d'étudier le soir pour obtenir encore plus de diplômes et un jour décrocher le boulot où elle gagnerait en un mois ce qui s'empoche en quelques heures en fournissant aux bobos la poudre dont ils ont besoin pour calmer leur stress, les pauvres choux.
Elle réfléchissait. La question de coucher revenait dans la conversation au moins treize fois par rendez-vous. Elle a pensé me piéger, elle est donc entrée à pieds joints dans mon filet :
« - Si tu me promets, toi, de te mettre à écrire et de ne jamais plus me parler de coucher avant d'être numéro 1 des ventes !
- On se le promet, je n'en parle plus, quoique j'en meure d'envie, je pourrais pas obtenir un petit aperçu, là, juste ta bouche, ce serait déjà... T'as un truc que les autres n'ont

pas... OK ? Et toi, le jour où je suis numéro 1, tu couches, là, ici, devant l'écran, et tu passes les nuits avec moi tant que je reste numéro 1. Promis ? Et après 30 jours, je te demande en mariage, on s'achète une maison à Neuilly, t'arrêtes ce boulot à la con, tu te consacres à l'écriture ma chérie et toi aussi tu deviendras number one. OK ? »

- Elle a souri, elle me prenait pour un naze. Le genre de sourire du vendeur de Conforama. Le genre de sourire qui signifie, je rentre dans ton jeu, car je n'ai rien à perdre. Elle hésitait quand même. Et c'est vraiment parce qu'elle a cru ne prendre aucun risque qu'il est sorti :
« - OK. »

- Je me suis approché, je lui ai tendu la main, et face au silence elle a fini par frapper dedans. Je suis parti. Sans même essayer de lui caresser les seins.
« - Ne t'inquiète pas si je loupe quelques rendez-vous, tu me notes présent, je suis un vrai écrivain, je m'enferme dans ma chambre. »

- Je n'avais aucune idée de la manière dont je pouvais réussir ce qui lui semblait impossible mais je savais que c'était ma seule chance de vraiment coucher avec elle. Jamais l'idée de la payer ne m'a traversé l'esprit : on ne paye pas une femme, on la prend. Sauf forcément celles dont c'est le métier... chacun son job.
- Eh ouais, moi, Kader, pour consommer Nadège sans la violer, je suis numéro un des ventes du Kindle, et depuis je câline la plus sublime des nanas du pays. Maintenant, je n'ai plus besoin de ça : elle est amoureuse, depuis mon contrat avec Amazon. Je crois qu'elle en a même oublié ce vrai naze de rital, son Pablo et leurs rêves à la con d'une vie bourgeoise en quartier résidentiel et grands voyages organisés. Elle est ma femme !

III Nègre

Kader venait de passer dans l'émission *Capital* du 19 février 2012, « *Kindle : la liseuse du XXIème siècle.* » J'avais lu son nom dans quelques tweets et commentaires, quand il m'a contacté, lundi 20 février à 15 heures 17, via www.ecrivain.pro.

« Salut Stéphane,
Je suis Kader Terns. Tu sais forcément qui je suis, l'auteur de « la vraie vie dans le 9-3. »
Tu sais écrire mais tu ne sais pas te vendre, alors que je suis bankable. Il faut qu'on se rencontre, et que tu écrives pour moi. Pour te montrer que ce n'est pas du bluff, que je ne contacte pas trente écrivains, je te fais un don de 500 euros sur ton paypal.
Kader, la star du Kindle. »

Je sais maintenant qu'il envoya son bras droit chez l'écrivain public qui venait de s'installer boulevard du Général De Gaulle à Aubervilliers, pour obtenir ce texte, expédié sur une adresse mail puis copié collé en remplaçant "Émile Zola" par "Kader Terns" et "l'argent" par "la vraie vie dans le 9-3."

« - Tu comprends, fallait pas que ce mec sache que moi Kader je cherchais un nègre ! Alors on a pris un nom au hasard dans la boutique Kindle, tu vois, on n'a pas fait d'études mais on connaît la vie ! Là, je suis sûr que tu n'y aurais jamais pensé ! Il ne faut jamais laisser de trace. Ni risquer de se faire remarquer lors d'un repérage.
- J'aurais aimé voir la tête de cet écrivain public !
- Un louf ! Un naze ! Il voulait rien comprendre. Farid a dû lui poser cent euros sur la table et lui expliquer trois fois le topo. Il ne comprenait rien ! »

Je n'avais pas jugé indispensable de l'informer de l'année de naissance de l'auteur des Rougon-Macquart.

Ce lundi 20, je lui ai répondu vers 19 heures, après en avoir discuté avec Amina, qui ne s'était pas rendue au collège, cause migraines. Le soir, elle m'a vraiment fait l'amour. Ça faisait bien six mois qu'elle n'avait pas pris pareille initiative. Oui, le mec me considérait comme un véritable écrivain. Non, je ne pouvais pas refuser sa proposition, être son nègre, c'était ma chance. De toute manière mes livres ne se vendent pas, ça ne sert à rien d'en rajouter d'autres... Cette expérience allait me permettre de progresser, écrire pour les autres c'est sûrement une bonne école, un des derniers prix Goncourt a d'ailleurs travaillé ainsi durant des décennies, et ça ne l'a pas empêché de réussir...

(« - Oui, Patrick Rambaud, prix Goncourt 1997 avec "*La Bataille*" mais n'oublie pas qu'il s'agissait d'un des journalistes du magazine "*Actuel*" et une personnalité du petit monde littéraire qui publiait également sous son nom chez Grasset de chez Lagardère ou sous pseudonymes, c'était un de ces petits apparatchiks de l'édition à cause desquels le système tient.
- Ne sois pas négatif ! Regarde le bon côté des choses. Ce mec a besoin de toi et tu as besoin de lui. Vous devez vous entendre. »)
Euphorique : j'allais devenir une forme de salarié de l'écriture, et finalement c'est ce qu'elle attendait de moi : un salaire fixe et des horaires.

48 heures plus tard, il débarquait. Je lui avais proposé de le prendre à la gare de Cahors mais il n'a pas voulu me déranger. Finalement, je lui ai donné rendez-vous au café

du centre, à Montcuq. Il ne connaissait que ma boîte postale. L'inviter chez moi ? Jamais lors d'un premier rendez-vous avec une femme, qui plus est avec un type venant de là-haut !

- Ouais, moi la caillera du 9-3, à même pas vingt-cinq ans, mes mémoires intéressent : « *comment je avoir été meilleure vente Amazon Kindle* », ça s'appellera. De la littérature moderne, avec des phrases qui cognent, de la vitesse, de l'émotion, du vécu. Je veux que ça clashe. Les intellectuels passés par les écoles n'ont aucune chance : ils ont perdu le contact avec la réalité. Moi, je vais te donner la réalité, il te suffira de la noter.

- J'ai reçu d'Amazon un méga à-valoir pour mes mémoires ! Je suis l'Amanda Hocking français. Amazon voulait un contrat d'exclusivité, ils ont payé !

- Ma page facebook dépasse les 15 000 fans. Je suis acclamé dans la rue, je reçois des invitations de la mairie. Bientôt, j'aurai droit à TF1, le top, un dossier sur la banlieue qui réussit, qui croit aux nouvelles technologies, en l'avenir, quand les p'tits blancs moisissent repliés sur leur camembert et leurs livres en papier.

- Je l'ai promis, je vais refiler la recette, les ingrédients au gramme près. Donc j'avoue tout de suite, même si tu avais forcément deviné : j'étais loin des 10 000 quand j'ai annoncé ce "*chiffre qui fait rêver*" dixit même *Le Monde*... Ouais, la classe, les colonnes du *Monde* !... Avec même un super dessin de Pancho, super drôle, avec une étagère remplie de centaines de Kindle. Mais ça m'a permis de les atteindre ! Je sais bien qu'elle est connue cette technique, il suffit de prétendre une chose pour qu'elle se réalise. J'ai simplement été le meilleur cuisinier ! Le plus rapide ! On ne manipule pas de la même manière le top 50 des chansons à la con et le top 10 d'Amazon Kindle !

- Le contrat signé, j'ai posé la question : puis-je faire croire qu'un mec comme moi, n'est pas capable de raconter sa vie donc se paye un nègre, ce qui crée deux niveaux d'écriture et d'analyse ? Réponse « Vous êtes l'écrivain. Nous avons confiance en vous. Mais gardez le style que vos admirateurs adorent. »

J'avais parcouru, faute de pouvoir lire un tel ramassis sans queue ni tête « la vraie vie dans le 9-3 », toujours à 99 centimes sur Amazon. Oui Amina, avec cinq cents euros je pouvais m'acheter ce bouquin ! Et même t'en offrir un pour ton plaisir ! Puisque tu as la chance de posséder l'un des premiers Kindle vendus en France, cadeau d'anniversaire promis, finalement arrivé en octobre. Je ne pouvais donc pas imaginer que pour un tel résultat, il avait déjà utilisé deux nègres ! Ainsi ne le questionnais pas sur le véritable auteur de ce « best-seller. »

Fin mars, je lui ai demandé :

« - Tu la raconterais comment, notre première rencontre ?
- Montcuq ? C'est le trou du monde ! Je ne suis pas le premier à le remarquer, et ça ne te fait même pas rire ! C'est vrai que t'es un mec trop sérieux. »

Il ne pouvait pas s'empêcher, je crois. Etait-ce pour me taquiner, me tester ?... D'après Nadège, mes silences, ce « *sérieux* » le mettaient mal à l'aise. Il avait eu envie de me cogner « *comme ça, juste pour voir* » mais « *quelque chose le retient, le bloque* », et prétendait ignorer quoi. Néanmoins, le plus souvent, enchaînait par « *tu te rends compte, ce type est né la même année que mon père !* » Bizarre d'observer la réalité sous cet angle, mais j'avais effectivement vingt ans en 1988. Et j'aurais également pu avoir un enfant cette année-là. Ce fut d'ailleurs tout le bien que me souhaita Fano à la Saint-Sylvestre. Et durant des semaines elle me lança régulièrement son désir de maternité... J'avais beau lui répondre sur mon BTS à obtenir, un emploi à trouver, elle considérait inutile de se soucier de la manière dont on élèverait un marmot, qu'heureusement, avant, nul ne s'en préoccupait sinon personne n'en aurait eus ou tous les auraient tués à la naissance. Nous aurions pu avoir un enfant qui aurait l'âge de Kader... donc plus âgé que Nadège... Cette "révélation" me perturba mais elle le comprit immédiatement et m'apaisa...

« - Quelle aventure ! On ne peut pas croire que ça existe, en France, des endroits pareils. Un silence ! Même pas un avion ! T'as le temps de compter les voitures ! Enfin, sûrement que pour un écrivain, c'est un bled idéal. Le fou, après une bière, il a voulu me montrer des gariottes, des lavoirs, des pigeonniers. Qu'est-ce qu'il m'ennuyait avec ses vieilles pierres. Je ne sais pas pourquoi, je ne voulais pas le contrarier. Je savais que c'était lui, mon nègre. Et il fut très sensible à mon petit cadeau, oh juste une petite boîte à cigares, avec une enveloppe à l'intérieur, où il a découvert un bulletin du loto. Cinq bons numéros, ça entretient l'amitié ! Et non imposable ! Je ne lui ai donc pas demandé s'il acceptait ; il avait empoché l'enveloppe, avec un simple "merci". J'aurais apprécié un peu plus d'enthousiasme. Et quand je lui ai dit « donc, tu repars avec moi », il m'a sorti « OK pour signer un contrat, mais ma vie est ici, donc en précisant que nos échanges se dérouleront par skype ou le téléphone. » Ça m'a un peu dérangé qu'il ne souhaite pas se faire une opinion sur le terrain, voir la cave d'Anaïs, le bureau de Nadège, son

appartement, le mien, le crématorium, l'ascenseur de la cité, la machine à écrire de Fatima... Un sauvage, ce mec ! Pourtant je l'ai assuré qu'il pouvait venir sans problème, que je lui accordais une protection 24 heures sur 24, qu'il n'aurait pas un souci. Que je mettais même dans son lit une super nana chaque soir s'il le voulait. Mais j'ai compris : moi non plus, je n'avais pas envie de revenir dans son Quercy et je lui avouais que toutes ses vieilles pierres me barbaient. « Tu es du béton, moi de la pierre », il m'a répondu. Alors on est repassé chez lui, il a cherché un modèle de contrat sur internet, on en a causé tandis qu'il arrangeait ses copier-coller, j'étais d'accord sur tout. Je peux même te dire que pour le fric, t'aurais demandé le double que tu l'aurais eu !
- Pourtant Amina m'a réprimandé. Elle a trouvé que j'avais exagéré, que j'avais profité de la situation.
- C'est vrai qu'elle a des relations bizarres avec le fric ! Rien que d'envoyer cinq cents euros par mois à Djibouti, elle est malade ! Ils se payent sa tête là-bas, ils ne lui donnent rien en échange. Pourquoi tu ne lui as pas expliqué « ok, je vous donne autant cette année, mais vous montez votre bizness et l'année prochaine vous vous débrouillez. »
- C'est un peu ma position, avec la formule qu'il vaut mieux apprendre quelqu'un à pêcher que de lui donner du poisson mais il paraît que je suis bien un européen, qui n'y comprend rien à leurs traditions... Que l'argent, ils en ont besoin pour manger, et que de toute manière dans sa famille on ne sait pas gérer un budget, une affaire, tenir un magasin... sa mère a essayé quand elle s'est retrouvée veuve mais elle accordait tellement facilement le crédit qu'elle était rarement payée et ne pouvait plus acheter aux fournisseurs. Elle y a dilapidé le mince capital hérité.

- Elle est malade, elle gagne mille deux cents euros, par mois, même pas par jour, et elle en envoie cinq cents. Si elle gagnait au loto aussi souvent que moi, je suis certain qu'elle aurait même pas un livret A plein.
- C'est haram le fric sur un compte. Encore plus s'il rapporte des intérêts. Les intérêts sont complètement haram ! Il faut donner, donner, donner... L'année dernière, avec les 1000 euros de pension alimentaire versée chaque mois par le père de son fils, plus son contrat de vacataire, c'était l'euphorie, sa mère a même pu terminer d'acquérir sa maison ! Comme elle se plaignait de l'état de ma vieille 205, j'ai quand même réussi à la persuader d'acheter une voiture. Ce fut une occasion, car le moment venu il ne lui restait plus que quatre mille euros ! Alors cette année, il faudrait que j'assume les fins de mois et paye l'électricité parce que madame il lui reste trois euros et que son salaire, elle l'attend mais promis le mois prochain, elle paiera ce qu'elle doit ! Puisqu'elle va toucher ses heures supplémentaires. Mais tout ça, même si là on en rit, ça résume sa vie : les promesses n'engagent que l'instant présent ! « *Oui, je le pensais à ce moment-là* » elle répond avec arrogance quand je lui rappelle ses propos, et le même scénario, sur tout, recommence, Amina les belles promesses, les mails lyriques... Je t'avoue que je n'en peux plus !
- Tu vois, j'ai trouvé la femme parfaite ! Elle prend dans le pot ce qu'elle veut mais elle se contente de peu. Si elle avait mon fric, ton Amina, sa mère pourrait s'acheter tout le riz de Djibouti !
- Mais il faudrait lui en renvoyer le mois suivant car les cousins, les cousins des cousins, les voisins, les voisins des voisins seraient passés pour qu'elle partage ! Paraît que les afars sont ainsi, c'est dans leurs coutumes mais ils

commencent à s'apercevoir de leur marginalisation dans la société djiboutienne où les issas savent gérer un budget et faire des affaires. Mais sa fierté, c'est qu'il n'y a pas un afar dans la rue, car un afar sait qu'une porte lui est toujours ouverte tandis que chez les issas où l'entraide n'est pas aussi développée, des mendiants traînent. Elle reconnaît pourtant que ce système a ses limites, car des gens préfèrent vivre aux dépens des autres plutôt que de travailler et entretenir tout un tas de parasites. Alors chez les familles qui ont la chance de recevoir de l'argent de France c'est table ouverte !
- C'est pour ça qu'ils élèvent leurs filles comme de bonnes pouliches chargées de séduire le type blanc qui pourra nourrir toute une tribu, un de mes potes a failli se faire avoir ! Il y était militaire et au lieu de consommer ces petites beautés... car y'a pas à dire, elles sont mignonnes, il s'est amouraché... Le con, il s'est mis une balle dans la tête en jouant à la roulette russe ! Il croyait m'impressionner !
- Elle l'avait trouvé, le bon bougre, Amina. Mais à force de lire des histoires d'amour, elle a cru que c'était plus important que l'argent, l'amour. Et aujourd'hui, elle revient au principe de réalité de la fille aînée de là-bas, qui doit se sacrifier pour envoyer chaque mois son virement. Il faut souvent choisir dans la vie, entre vivre l'amour ou essayer de gagner du fric. J'ai cru qu'elle était tournée vers l'amour uniquement car celui qui était encore son mari s'occupait des questions pécuniaires. Mais quand elle s'est aperçue que je voulais bien apporter l'amour mais que pour l'argent il fallait qu'elle se débrouille... Argent ou amour... ou même ni l'un ni l'autre !
- Je suis pourtant l'exemple qu'on peut avoir les deux !
- Et pourtant tu es revenu dans ce Lot des vieilles pierres !

- Ouais, le plus surprenant, c'est qu'à peine retourné dans Nadège, je n'avais que tes vieilles pierres à la bouche. Le béton me sembla tout d'un coup triste. Faut dire, Nadège était toujours à me relancer « *alors, c'est si beau que ça...* » Et toi et ta charmante compagne avez accepté de nous faire visiter le samedi. C'est vrai qu'elle est charmante, elle a toujours le mot aimable. Le vieux trouve que c'est une femme fantastique, pourtant il n'a jamais eu l'occasion de voir ses seins et encore moins le reste. Quand je lui ai demandé, il m'avait balancé « *c'est pas une femme comme ça, c'est une femme droite.* » T'inquiète pas, je ne lui ai rien raconté de Carlo et compagnie. Je crois qu'il désapprouve la tenue de Nadège même s'il ne peut pas s'empêcher de se rincer l'œil ! »

Quand Nadège m'avait confié sa version, je n'avais pu m'empêcher de la taquiner :
« - Les femmes sont terriblement manipulatrices et les hommes ne voient jamais rien !
- Les femmes, je ne sais pas. Mais depuis des années je cherche une manière de m'en sortir. M'en sortir vraiment. J'ai bien pensé à disparaître un matin pour refaire ma vie très loin mais je sais que ma mère ne s'en serait jamais remise. Et je crois que c'est devenu impossible avec les passeports, visas, cartes d'identité, les avis de recherche, de repartir de zéro ailleurs. J'ai bien pensé à lui expliquer à ma mère mais comment lui avouer tout ça ? Elle qui me croit tellement heureuse, qui s'est décarcassée pour me payer des études et maintenant son plus grand bonheur c'est de me regarder belle et diplômée... alors elle me croit heureuse... c'est ce que je voudrais devenir. Donc oui, j'ai légèrement manipulé Kader, avec l'intention de prétendre tomber amoureuse de cette région... et si possible d'y rester... Je ne pouvais pas l'imaginer éloigné

plus de trois jours de ses potes. J'ignorais s'il allait être réceptif à mes arguments mais au moins ça représentait une opportunité. »

Il existe ainsi 78 chapitres. Le premier restera le plus long. J'espère vous avoir donné l'envie de lire la suite, d'explorer cette révolution numérique tout en suivant ces deux couples...

http://www.autodiffusion.fr et http://www.utopie.pro

Stéphane Ternoise... un peu plus d'informations

Né en 1968

http://www.ecrivain.pro essaye d'être complet, avec un "blog" (je préfère l'expression "une partie des chroniques"). Mais il ne peut naturellement pas copier coller l'ensemble des textes présentés ailleurs.

http://www.romancier.net

http://www.dramaturge.net

http://www.essayiste.net

http://www.lotois.fr

Les noms de ces sites me semblent explicites...
Le graphisme reste rudimentaire. Tant de choses à faire...

http://www.salondulivre.net le prix littéraire a lancé sa onzième édition. Une réussite d'indépendance. Mais peu visible...

L'ensemble des livres numériques ont vocation à devenir disponibles en papier et réciproquement. Il convient donc de parler de livre au sens fondamental du terme : le contenu, l'œuvre. En juillet 2013, le catalogue numérique de Stéphane Ternoise dépasse la barre naguère inimaginable de la centaine. Il est constitué de romans, pièces de théâtre, essais mais également de photos, qu'elles soient d'art (notion vague) ou documentaires (présentation de lieux, Cahors, Cajarc, Montcuq, Beauregard, Golfech...), publications pour lesquelles l'investissement en papier est impossible, sauf à recourir à l'impression à la demande.

Table

7	Présentation
13	Demandez mes livres chez "un libraire" !
14	Impression des livres à la demande et distribution
19	Il faut bien semer, même après une mauvaise moisson
22	Mes livres en payent le prix, de cette indépendance…
26	Un univers contrôlé de l'édition…
29	La révolution numérique : le vrai combat
31	Les gentils millionnaires français contre le méchant Amazon
33	Alapage : un échec voulu par la France ?
35	Le lieu de vente unique et autres considérations
47	Des parlementaires au service des installés…
60	Le contrat d'édition en 2013
66	La vérité sort du tweet
67	L'auto-édition c'est la liberté...
69	Le monde de l'édition traditionnelle ne me convient pas
73	Un adversaire puissant : le SNE
76	Détruire des livres en papier
82	Non aux subventions !
99	Cette question de l'argent nécessaire
101	Vais-je finir ma vie en France ?
104	Quand le Qatar dépassera les 50% de Lagardère…

106	La politique de la Région Midi-Pyrénées
128	La politique du département lotois
135	Erreur politique de l'UMP, également en septembre...
137	Amazoniens ?
139	Révolution... versant traductions
142	Rien à voir avec ces gens-là !
143	Relire des aphorismes...
146	Honte aux députés...
147	Etre écrivain : y engager sa vie
150	Le critique littéraire en 2013
153	La trahison du serment de la librairie
154	La charte de qualité de l'auteur indépendant
156	Extrait du roman de la révolution numérique

Tous droits de traduction, de reproduction, d'utilisation, d'interprétation et d'adaptation réservés pour tous pays, pour toutes planètes, pour tous univers.

Site officiel : http://www.ecrivain.pro

Présentation des livres essentiels :
http://www.utopie.pro

Couverture : comme Victor Hugo, Jean-Gabriel Perboyre (http://www.jeangabrielperboyre.fr) est né en 1802. Il est le Martyr et Saint du 11 septembre. Comme l'auteur, Martin Malvy, Gérard Amigues et quelques autres, il fut lotois. Au-dessus, il ne s'agit nullement d'Aurélie F. mais de STS LUDOVICUS, un vitrail également de Dagrant, dans le Lot...

Livre papier : Amazon, le seul vrai libraire en France **de Stéphane Ternoise**

Dépôt légal à la publication au format ebook (978-2-916270-30-2) du 20 septembre 2013.

Imprimé par CreateSpace, An Amazon.com Company pour le compte de l'auteur-éditeur indépendant.
livrepapier.com

ISBN 978-2-36541-415-9
EAN 9782365414159

www.ingramcontent.com/pod-product-compliance
Lightning Source LLC
Chambersburg PA
CBHW060514090426
42735CB00011B/2213